すぐに役立つ ポップス英会話

上田浩司
堀川真理夫
堀川ジーナ
著

Let's learn English through music!

Stylenote

はじめに

　現在、社会のグローバル化が以前にもまして急速に進んでいます。インターネットの普及によって、今や世界中の人々と容易に、また瞬時にコミュニケーションが取れるようになりました。音楽に関してもミュージシャンや音楽愛好家などプロやアマチュアに関係なく、世界中に向けての動画配信が容易になりました。音楽は世界共通の文化です。どんな国でも音楽を嫌う人は滅多にいません。これからは、今まで以上の規模で、音楽を通して世界規模でのコミュニケーションが盛んになっていくことでしょう。観光でのちょっとした出会い、あるいはビジネスの場での軽い雑談の時間、その他外国の人々と接する機会はますます増えてきます。そのような機会に、お互いの好きな音楽で共通の話題があれば、そして英語が少しでも話せれば、より楽しい有意義な時間を持つことができるでしょう。

　ここでちょっと考えてみてください。もしこのような機会が訪れたときに、音楽独特の表現や用語を英語で知っていたらと……。それは、一般的な英会話のレベルからもっと踏み込んだ、中身の濃いコミュニケーションの世界ですね。お互いに共通の音楽の話題でスムーズに会話できれば、交友関係からビジネスの交渉にいたるまで、どれだけの可能性が広がるでしょうか？
　この本は、一般の音楽ファンのみならず、ミュージシャンあるいは教育者の音楽関係者も含めて、これからのグローバル・コミュニケーションに大いに役立ててほしいと思いながら書きました。この本に書かれている音楽英語表現は、今後のさまざまなシーンできっと役に立つでしょう。また、この本は英会話の教材としても十分利用可能です。大好きな音楽をネタに外国の人たちと話せば、英会話の実力もぐんとのびることでしょう。

　この本は、大きく3つのパートに分けてあります。

　まず、Part 1 では、英語でのコミュニケーションの場において、初対面の人同士がポップスなどの音楽を共通の話題として、気軽に話せるような会話を中心としました。必然的に音楽の専門用語などは避けて、ポピュラー音楽についてのカジュアルな英会話例文となっています。

Part 2 では、バンドをやっている人、ボーカルや楽器を習っている人、ポップスやジャズに造詣が深い人など、実際に自身が楽器を演奏したり歌ったり、また音楽での留学を目指す人など、ちょっと専門的にポピュラー系音楽を語りたい方々を対象に、実用ポピュラー音楽表現のフレーズ集としてまとめてみました。

　Part 3 では、ポップスやジャズで使用されるスコアや用語の解説をおこないました。

　ここで、ポピュラー音楽の英語表現を知っていると役立つケースをいくつか挙げてみます。

- 音楽や楽器を趣味としている外国の友人との会話。
- 観光で来日した方々とコミュニケーションするきっかけに。
- 外国人旅行者の案内ボランティアをする方たちの知識として。
- 海外旅行で知り合った外国の人たちとの会話。
- ビジネスで接する人たちと音楽を話題にしての会話で打ち解けたい。
- 好きなミュージシャンのインタビューを英語で理解したい。
- ミュージシャンに関するいろんな記事を英語で読んでみたい。
- 外国のミュージシャンに個人的にコンタクトをとって、交流してみたい。
- インターネットで海外の音楽メディアに直接コンタクトをとって、貴重な情報を得たり、自分を売り込んだりすることも可能。
- 外国人の友人とバンドやライブ、レコーディングをやってみたい。
- 外国のミュージシャンから楽器やボーカルのレッスンを受ける場合。
- アメリカやイギリスなど英語圏への音楽留学の際にはもちろんのこと、それ以外の国においても、音楽は英語でコミュニケーション。
- 音楽や芸術系の通訳や翻訳を目指す人の知識として。
- 音楽関係者が外国人ミュージシャンなどと交渉、打ち合わせをする場合。
- 音楽を題材に英会話を学びたい方々のために。

　これらのようなケースでは、実際の音楽の現場で使われる英語表現を知っているか否かは、大きな違いです。実際、音楽独特の表現はいくら日常的な英語が堪能であろうとも、またそれは別のものなのです。

この本は、音楽のような繊細な表現芸術であり、こと細かいニュアンスまで相手に伝えなければならない場合が多い分野において、スムーズなコミュニケーションができるように書かれています。この本すべてを学ぶ必要はありません。必要に応じて少しでも使えれば、すでに一般の会話レベルから一歩踏み込んだコミュニケーションが始まっているのです。みなさん、このテキストを手本に、どんどんポップス音楽英語コミュニケーションを楽しんでください。

　この本の出版にあたり、グローバル英語専門塾の講師・スタッフを始め、スタイルノートの代表取締役の池田茂樹さんと編集の冨山史真さんにご協力いただいたことに対して、心から感謝の意を表したいと思います。

GOOD LUCK!!

2016年3月　　上田　浩司
　　　　　　　堀川真理夫
　　　　　　　堀川ジーナ

Contents

はじめに……………………………………………………………………………………… 3

Part 1
音楽英会話しましょう！
Let's Talk About Music! 〜日常会話編〜 …………………… 9

【コラム】ポピュラー音楽に英語はかかせない!? ……………………………………… 80

Part 2
演奏しましょう！
Let's Play Music! 〜専門会話編〜 ………………………… 83

ボーカルおよび楽器別の演奏テクニックに関する表現 ……………………… 84
　ボーカル（Vocal）………………………………………………………………… 84
　ギター（Guitar）………………………………………………………………… 93
　キーボード（Keyboard）……………………………………………………… 102
　ベース（Bass）…………………………………………………………………… 105
　ドラムス（Drums）……………………………………………………………… 110

全楽器共通の演奏テクニックに関する表現 ……………………………………… 117

バッキング（伴奏）に関する表現 ………………………………………………… 125

リズムに関する表現 ………………………………………………………………… 130

演奏現場における表現 ……………………………………………………………… 142

録音スタジオにおける表現 ·· 146

【コラム】
アメリカって本気でポピュラー音楽を"教育"しているってホント !? ············ 152

Part3
ポピュラー音楽の楽器・スコア・用語
Popular Music Instruments, Scores and Terms ···· 155

1. Instruments 楽器 ·· 156
2. Staff 五線 ·· 158
3. Bar 小節 ·· 162
4. Clef 音部記号 ··· 163
5. Note 音符 ··· 164
6. Rest 休符 ··· 166
7. Meter 拍子 ·· 167
8. Tempo テンポ ·· 169
9. Dynamics 強弱 ··· 171
10. Repeat Sign 反復記号 ··· 172
11. Performance Techniques 演奏技法 ······································ 173
12. Song Forms 曲の構成 ··· 176
13. Common Music Business Terms 音楽業界で使われる用語 ······ 179
14. Mario's typical schedule until the day of a show
    堀川真理夫のあるライブ本番までの流れ ·· 181

【コラム】
日本のポピュラー音楽界は英語で左右される !? ······································ 183

参考文献 ·· 186
英語のポップス音楽用語・索引 ·· 189

Part 1

音楽英会話しましょう！

Let's Talk About Music!

～日常会話編～

　海外や日本国内を問わず、ライブハウスではもちろん、レストランやパーティーなどでも生演奏を聴く機会は多いですね。そのような場所での英語の会話は、音楽についての話題で楽しみましょう。音楽は世界共通の文化です。いろんな音楽表現を知っていれば、話も盛り上がるに違いありません。生演奏を聴きながら、CDを聴きながら、いろんな場面でどんどん音楽英語コミュニケーションをしてみましょう！

1.

His staging is always very entertaining.

A : I went to Jean's concert yesterday.

B : Jean? You mean the rock musician?

How was it?

A : It was awesome!

His staging is always very entertaining.

B : I was ***bored to death*** yesterday staying at home.

Why didn't you invite me?

....

☐ **bored to death**（ボールトゥー　デス）意味 つまらなくて死にそう

bored（ボールドゥ）意味 つまらない、退屈している
death（デス）意味 死

I am bored. だけでも通じますが、bored to death は退屈さをより強調したいときに使われる表現。

A : 昨日ジーンのコンサートに行ってきたんだ。

B : ジーンってあのロックミュージシャンの？

　　どうだった？

A : カッコよかった！

　　彼のステージの演出はいつも楽しいんだ。

B : 僕、昨日家にいて退屈で死にそうだったんだよ。

　　何で呼んでくれなかったの？

✚ Additional points ▶

動詞の bore は「退屈させる」という意味です。

I am boring.

と言うと「私はつまらない人間です」となってしまうので気をつけましょう。

The movie / The music / The book is boring.

のように使いましょう。人に対して使ってしまうと屈辱的な意味になってしまうので注意が必要です。

2. We're always moved by her music.

A : The vocalist forgot the lyrics to the first song in last night's show.

B : ***You've got to be kidding***!

She's never made mistakes!

A : I guess it's OK because she writes such beautiful music.

B : You're right. We're always moved by her music.

....

- **You've got to be kidding.**（ユーヴ　ガットゥビー　キディン）　意味　ウソでしょう？

    kid（キッドゥ）　意味　からかう、冗談を言う

    kid は、He is my kid. など、名詞として使うと「子ども」という意味になりますが、動詞として使うと「からかう、冗談を言う」という意味になります。

A ： 昨日のライブでボーカルの人が1曲目の歌詞を忘れちゃったんだよ。

B ： ウソでしょう？

　　彼女、間違えたことなんてないのに。

A ： まあ、いいけどね、彼女はすばらしい曲を書くから。

B ： 確かに。彼女の音楽にはいつも感動させられるよ。

➕ Additional points ▶

I'm just kidding.
と言うと「冗談だよ」という意味です。

例文 I bought a 1959 Les Paul guitar! Ha, ha, I'm just kidding!
　　1959年製のレスポールギター、買ったぜ！　ハハ、冗談だよ！
※1959年製のLes Paulギターは100万円くらいする楽器。

3.

I love her lazy singing style.

A : Can you stop that CD now?

I'm ***sick and tired*** of listening to the same music.

B : OK.

I have a good bossa nova CD.

A : Nice music!

B : I know.

She's great, isn't she?

I love her lazy singing style.

──────────────────────────────

☐ **sick and tired**(スィッキャン タイアードゥ) 意味 うんざり

　I'm sick of 〜 と I'm tired of 〜 はともに「飽き飽きする」という意味ですが、この２つの表現を合わせて sick and tired of 〜 にすると強調する表現になるので「本当にうんざり！」と言いたいときに使ってみましょう。

　例文 I'm sick of singing the same song.
　　　同じ歌ばかり歌うのも飽きた。

A : そのCDもう止めてくれる?

同じ曲ばかり、うんざり。

B : わかったよ。

いいボサノバのCDがあるんだけど。

A : いい音楽だね。

B : そうなんだよ。

彼女最高でしょう?

やる気のなさそうな歌い方、大好き!

......

例文 I'm tired of playing the scales.
音階ばかり弾くのも飽きたな。

●ボサノバ ~ 気だるい感じが醍醐味!
50年代~60年代初期にブラジルで登場した音楽。ゆったりとしたサンバとジャズのモダンなハーモニーの融合したリズム、そしてシンプルなメロディーが特徴。なんとなく気だるく、淡々とため息まじりで歌うことが魅力となっています。

4. 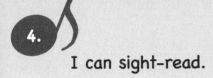 I can sight-read.

A : I wanted to play the guitar!

Why didn't you choose me?

B : You didn't practice the new song.

A : But I can sight-read!

Come on, let me play the guitar!

B : You're starting to *get on my nerves*.

We already found another guitarist!

☐ **get on one's nerves**(ゲットン　マイ　ナーヴス）意味 いらいらさせる、神経にさわる

nerves（ナーヴス）意味 神経

ここでの one's は my のほか、your、his、her、their や人の名前などに置き換えても使えます。

例文 His lousy playing is starting to get on Dave's nerves.
彼のへたな演奏はデーヴをイラつかせ始めている。

A : 僕がギターをやりたかったのに!

何で選んでくれなかったの?

B : 君、新曲を練習していないだろう!

A : でも、初見ができるよ!

ねえ、僕にギターをやらせてよ!

B : いらいらするなぁ!

もう別のギタリスト見つけちゃったんだよ!

●初見とは?

初めて見た楽譜を即座に演奏もしくは歌うこと。その能力が高い人を「初見に強い」「初見がきく」などと表現します。リハーサルを通して音楽を作り上げるバンド系のミュージシャンよりはむしろ、瞬時に高いクオリティーの演奏を求められるスタジオ系のミュージシャンに必須の能力です。

5. When is the deadline?

A : Can you make the next song?

B : Sure. When is the deadline?

A : Can you finish it by Friday?

B : In that case, there's still some time so I'll start tomorrow.

Can we *call it a day*?

□ **call it a day**（コーリッタ　デイ）　意味　今日はこれで終わりにする

●●● 堀川真理夫のひとり言

　作曲家やアレンジャーには締め切りがつきものです。僕も何年か前の「第38回日本レコード大賞」という番組に使うフルオーケストラのBGMを手掛けたとき徹夜でまる2日間作業をしました。プロとして、締め切りを守るのは当たり前なので、きつかったけど、終わったあとにはそんな疲れも吹っ飛んでしまうほどの感動が待っていました。

A : 次の曲を書いてくれる?

B : いいよ。締め切りはいつ?

A : 金曜日までに仕上げてくれる?

B : それならまだ時間があるから明日から取り掛かるよ。

今日はこれで終わりにしない?

Let's take five!
❺ 分 間 の 休 憩

英語をうまく話したいときは顔の筋肉をほぐしてみましょう。口元だけ動かせばよい日本語とは違い、英語は顔の筋肉(特に口回り)を大きく動かさないとうまく発音できません。

6. They are getting good reviews from everywhere.

A : Thank you for inviting me to the a cappella concert tonight.

B : My pleasure. How did you like it?

A : I was so touched by the music that I started to get *goose bumps*.

B : Good!

   They are getting good reviews from everywhere.

□ **goose bumps**（グーズ　バンプス）意味 鳥肌

goose（グーズ）意味 ガチョウ
bumps（バンプス）意味 凸凹

> アカペラ●
>   a cappella（伊）は本来「教会風」を意味しますが、通常は無伴奏の合唱のことを示す用語として広く使われます。楽器とはひと味違う、"人の声"だけの絶妙なハーモニーとボイスパーカッションは、聴くものに心地よさを与え、人気があります。

A : アカペラコンサートに呼んでくれてありがとう。

B : いいえ。どうだった？

A : すごく感動して、鳥肌が立っちゃった！

B : それはよかった。

彼らはあちこちで好評なんだよ。

✚ Additional points ▶

「どういたしまして」と言いたいとき、You're welcome. 以外の表現を使ってみましょう！

どのようなときにも使える表現
(It's) my pleasure. / Don't mention it. / Not at all.

友だちの間で使える表現（目上の人に使うのは避けましょう）
You bet. / No problem. / Sure thing.

7. We're near the end of our world tour.

A : I'm glad I got to see your concert in Japan!

B : Glad you enjoyed it.

We're near the end of our world tour.

A : Let's ***stay in touch***.

I want to see your show again!

B : Yes, I'll let you know when we come to Japan again.

□ **stay in touch**（ステイ　イン　タッチ）意味 ずっと連絡を取り合う

✚ Additional points ▶

　名詞として使われる日本語の「ライブ」は和製英語なので show や concert を使いましょう。live performance など、形容詞として使われるのであれば、OK です。

「彼のライブはすばらしかった」と言いたいときは
- × His live was amazing.
- ◯ His live performance was amazing.
- ◯ His concert was amazing.

A : 日本で君のライブを見られてよかったよ！

B : 楽しんでもらえてよかった。

ワールドツアーの終盤なんだよ。

A : 今後も連絡を取り合おうよ。

また君のライブ見たいな。

B : うん、また日本に来るときは連絡するね。

....

---● Japlish or English?

Japlish とは Japanese-English、いわゆる和製英語という意味です。日本ではあらゆるところで Japlish を聞いたり見たりします。この前、歩いていたらある看板が目に入りました。

Delicious Fresh Sand
「おいしいフレッシュ・サンド」

新鮮な材料を使ったサンドイッチなのでしょう。でも、英語で sand とは「砂」。これだと「おいしい新鮮な砂」になってしまうのです。

8. He's an out-of-this-world drummer.

A : There's George Kollias!

He's an out-of-this-world drummer!

B : Absolutely!

I can't believe we can hear him play live!

A : I want his autograph after the show.

Can you get it for me?

B : Why me?

Don't you *have the guts* to get it yourself?

□ **have the guts**（ハーヴダ　ガッツ）**意味** 根性がある、勇気がある

Let's take five!
5 分 間 の 休 憩

　本書では the の発音を「ダ」と表していますが、実際は「ダ」と「ザ」の間の音です。

A : ジョージ・コリアスだ!

　　彼、バカテクドラマーだよね!

B : そうだよね!

　　生で聴けるなんて信じられない!

A : ライブのあとにサインほしいな。

　　もらってきてよ!

B : え? 僕が?

　　自分でもらう勇気ないの?

➕ Additional points ▶

誰かのサインがほしいときは、

Can I have your autograph?

と言いましょう。sign は動詞なので、Can I have your sign? ではおかしな英語になってしまいます。また、Can I have your signature? だと、「(契約書などに) 署名してください」になってしまうので気をつけましょう。

9. We need to work on stage performance.

A : Well, our show is coming up in a couple weeks.

B : That's right. What else do we need to do to make our show exciting?

A : We need to work on stage performance.

B : Let's meet tomorrow to talk about it.

Two o'clock ***on the dot***.

Don't be late!

☐ **on the dot**（オン ダ ダットゥ） 意味 きっかりに、時間通りに、ぴったりに

➕ Additional points ▶

よく日本語で使われる「〜時ジャスト」（例えば、5時ジャスト）は和製英語なので、5 o'clock just いう言い方は避けましょう。

A ： あと数週間でライブだね。

B ： そうだね。エキサイティングなライブにするにはあと何をすればい

いんだろう？

A ： ステージングを何とかしなきゃね。

B ： 明日、その話をするために会おうよ。

２時ぴったりに。

遅れないでね！

....

---------● Japlish or English?

　ライブ演奏後などに「ハイタッチ」をすることがありますが、この「ハイタッチ」は和製英語なのでご注意を。正しくは、"Give me five!" とか "Give me a high five!" と言います。このとき、相手とハイタッチをしましょう。この言葉を無視してしまうとノリの悪い人に見られてしまいますよ。

10.

How can I get rid of stage fright?

A : I'm so excited to see your show!

Oh, it's almost time.

B : Gosh!

I'm so nervous! How can I get rid of stage fright?

A : But you've been doing this for years! Just relax!

B : That's ***easier said than done***.

□ **easier said than done**（イーズィアー　セッデン　ダン）意味 □で言うほど簡単ではない

直訳すると「口で言うのは簡単だけど、実行するのは難しい」。

Let's take five!
❺ 分 間 の 休 憩

　健康志向のミュージシャンがスタジオを探す場合 "Smoke-free studio" を探すでしょう。これは「喫煙自由」という意味ではなく「禁煙スタジオ」です。ファミレスなどでよく見かける "Free drink"。これは「飲み放題」ではなく「無料ドリンク」という意味なのです。外国人が見たら喜んでしまいますね。

A : 君のライブ見るの、楽しみ！

あ、もうすぐ時間だ。

B : あ〜緊張する！

ステージで演奏するときのあがり症、どうすればいいの？

A : 何年もやっているのに！　リラックスすればいいんだよ！

B : 口で言うほど簡単じゃないんだよね。

➕ Additional points ▶

　本番前などに緊張する人はたくさんいますよね。そんなときは I'm nervous! の代わりに、

I have butterflies in my stomach!

と言ってみましょう。この表現は直訳すると「胃の中に蝶々がいる」という意味で、緊張で胃がしくしくするときによく使う表現です。

11.

This song will help lift your spirits up.

A : Why are you feeling down?

B : I just broke up with my girlfriend.

What do you listen to when you ***feel blue***?

A : Here. Take this CD.

This song will help lift your spirits up.

B : Thanks.

I owe you one.

□ **feel blue**（フィール　ブルー）意味 めげる、落ち込む

➕ Additional points ▶

owe は、

I owe you 5000 yen.
5,000 円は返すからね。

など、金銭上の「借り」を指すときに使う単語です。会話で使われているように

A ： 何で落ち込んでるの？

B ： 彼女と別れたばかり。

　　　君は落ち込んだとき、何を聴くの？

A ： ほら、この CD あげるよ。

　　　この歌は君を元気づけてくれるよ。

B ： ありがとう。

　　　この恩は絶対返すから。

....

I owe you one.
借りが1つできたね。

という使い方もできるので、誰かに助けてもらったときにはぜひ使ってみましょう。

12.

The open-air concert will be cancelled.

A : It looks like rain tomorrow.

　　　The open-air concert will be cancelled!

B : Oh, that's too bad!

A : We have to go get our refund.

B : Wait! The ticket says the concert will be held *rain or shine*!

□ **rain or shine**（レイン　オア　シャイン）意味 何があっても、雨天決行

「天気にかかわらず」の意味だけではなく、「何があっても」と言いたいときにも使える表現です。

例文

　　A : Can you transcribe this music for me? It's urgent.
　　　　この曲の写譜、お願いしてもいい？　急ぎなんだ。

　　B : Don't worry. I'll finish it by tomorrow, rain or shine!
　　　　大丈夫。　明日までには絶対に仕上げるよ！

A : 明日雨だって。

　　野外ライブは中止だよ！

B : うわ〜、残念！

A : 払い戻ししてもらわなくちゃ。

B : 待って！　チケットに雨天決行って書いてある！

● Japlish or English?

　買ったばかりの商品が動作不良。このときお店にクレームを言いますよね。この「クレーム」はそのまま

I claimed to the store.

とは言えません。claim とは「主張」や「要求」という意味なので complain を使います。なので、「私はお店に文句を言った」は、

I complained to the store.

になります。

13. I suggest playing to a metronome.

A : When I play different rhythms and fills, I always tend to speed up.

B : I suggest playing to a metronome.

It's also a good idea to try practicing time-keeping and fills separately.

A : *It's about time* someone gave me good advice! Thanks. I'll try that!

B : Sure thing!

□ **It's about time**（イッツァ バウトゥ タイム） 意味 やっと、ようやく

It's about time ＋（何が、誰が）＋（動詞）
動詞は過去形を用います。

例文 It's about time he showed up at the rehearsal!
やっと彼はリハーサルに来た！

A : いろんなリズムやフィルを叩くとき走っちゃうんだよね。

B : メトロノームと叩いてみたら？

タイムキーピングとフィルを別々に練習してみるのもいいかも。

A : やっといいアドバイスが聞けた！

ありがとう！　やってみるよ。

B : どういたしまして！

....

例文　It's about time it stopped raining.
　　　ようやく雨が止んだ。

> ───●ミュージシャンにとってメトロノームとの練習は必須！
> １人で楽器を練習していると、無意識に自分に心地よいテンポやリズムで演奏しがちです。気がつかないうちに苦手なフレーズで遅くなっていたり、高揚して速くなっていたりしますね。これではいざバンドで演奏のときに、バラバラでまとまりがなくなります。常にメトロノームで練習することは、正確なリズム感をつけるのにとても重要なことなのです。

14.

I can't sing the high pitch.

A : I've been practicing this song for hours, but I can't sing the high pitch.

B : I usually use my stomach muscles to control my breath.

A : I'll try that next.

I need a break now. ***I'm beat***!

B : Good idea!

☐ **beat**（ビートゥ）意味 くたくた、くたびれちゃった

I'm beat. は気軽な、仲間同士で使う表現です。それ以外の場面では同じ意味で無難な I'm very tired. や I'm exhausted. を使うとよいでしょう。

例文 Mr. Smith, may I rest for 10 minutes? I'm exhausted from singing 2 hours straight.
スミス先生、10分間休憩してもいいですか？ 2時間続けて歌ったのでもう、疲れてしまいました。

A : もう何時間もこの曲を練習しているのに高音が歌えない。

B : 私は腹筋を使ってブレスをコントロールしてるの。

A : 次やってみるよ。

今は休憩ね。もう、クタクタ！

B : 賛成！

Let's take five!
❺ 分 間 の 休 憩

　日本語と英語の大きな違いの1つは主語の有無です。日本語では主語がなくても相手に通じますが、英語では主語がないと勘違いされたり通じなかったりします。例えば、日本語では相手に「何歳？」と聞けますが、英語では How old? とは言えません。How old are you? とか How old is he? など、誰のことについて聞いているのかをはっきり言いましょう。

15.

Electric drums have advantages, too.

A : I don't think electric drums are useful. What do you think?

B : Don't *jump into conclusions*. Electric drums have advantages, too.

A : Do they?

B : Yes! It needs less floor space, and you don't need to worry about tuning your drums!

□ **jump to conclusions**(ジャンプトゥ コンクルージョンズ) 意味 勘違い、早とちり

Let's take five!
❺ 分 間 の 休 憩

　カタカナ英語の多くの発音は違うところにアクセントがつきます。例えば「**ミュー**ジシャン」「**ピ**アノ」「アレン**ジャー**」など。正しくは「ミュー**ジ**シャン」「ピ**ア**ノ」「アレ**ン**ジャー」になります。カタカナ英語をそのまま使う前に発音を再確認しましょう。

A : エレキドラムって便利ではないよね。

B : それは勘違いだよ。

　　エレキドラムにも利点はあるよ。

A : そう？

B : うん！　場所は取らないし、チューニングの心配もない！

●●● 堀川真理夫のひとり言

　僕が子どものころは生ドラムしかなく、近所の目を気にしながら練習したものです。今では本物そっくりな音と叩き心地を楽しめるエレキドラムがあるので、これからのミュージシャンにとって、いいことですね。

16. You should get a lefty guitar.

A : I just started learning the guitar, but I have trouble playing since I'm left-handed.

B : You should get a lefty guitar.

A : I wish I could, but I'm ***broke***.

B : Well, maybe in the near future you should consider getting one if you're serious about it.

□ **broke**（ブロック）意味 文無し、金欠

故障や破損の broken とは意味が違うので注意しましょう。

●●● Small talk with Jina

英語だけではなく、語学を学ぶ上で大事なのは何といっても観察力です。ネイティブが話すときに彼らを観察してみましょう。どのような状況に何を言うのかをよく聞き、できれば書き留めておきましょう。生で聴いたり話したりするだけではなく、テレビや映画でもいいのです。ネイティブと会話をするときに「ここだ！」と思ったら、覚えた新しい単語や表現を積極的に使うことで英語力はアップしますよ。

A ： 最近ギターを習い始めたんだけど、左利きだから、弾きにくいんだよね。

B ： 左利き用のギターを買えば？

A ： 買えればいいんだけど金欠なんだよ。

B ： まあ、もし真剣にやりたいんだったら、近い将来買うことを視野に入れたほうがいいかもよ。

● Japlish or English?

「新しい楽器にチャレンジしたい」と言いたいとき、

I want to challenge a new instrument.

と言ってしまう人がたくさんいます。「チャレンジ」の英語の使い方は少し日本語と違います。challenge を使う場合、myself をつけ加える必要があります。

I want to challenge myself and try a new instrument

が正しい言い方です。もっと簡単な言い方は try a new 〜。

I want to try a new instrument.

このほうがシンプルで言いやすいですね。

17. Practicing scales is important.

A : Do you have any advice on how I can improve my guitar skills?

B : Practicing scales is important.

It also helps when you improvise.

A : I never thought about that!

B : ***Every now and then***, you may want to try playing Bach's violin pieces with the pick.

....

□ **every now and then**（エヴリー　ナウ　エンデン）意味 たまには、ときどき

他にも同じ意味でこのような表現もあります。

　every once in a while（エヴリー　ワンスィナ　ワイル）
　every so often（エヴリー　ソー　オフン）
　from time to time（フロム　タイム　トゥー　タイム）
　occasionally（オケイジョナリー）

どれもよく使われる言い方ですので、「ときどき」と言いたいときに使い慣れた sometimes ではなく、新しい表現を積極的に使いましょう。

A ： ギターテクが上達するためのアドバイス、何かない？

B ： スケールの練習は大事だよ。

アドリブを弾くときにも役立つしね。

A ： 考えたこともなかった！

B ： たまにはバッハのヴァイオリン曲をピックで弾くのもいいと思うよ。

●楽器上達のために（1）
～ **クラシックのメソッドを取り入れよう！**
　クラシックのメソッドには長い歴史があります。その楽器を習得するのに最も合理的かつ音楽的に優れた内容が満載です。ポピュラー系ミュージシャンにとっても、楽器を自由自在に扱い、自身の表現の一部とするレベルに達成したいと思うならば、この優れたメソッドを学ぶことは非常に有意義なことです。

18.

Which guitar are you going to get?

A : The Stratocaster and the Les Paul both look cool.

Which guitar are you going to get?

B : I really can't ***make up my mind***.

A : You should choose according to the kind of music

you will be playing more.

B : That's true.

....

☐ **make up my mind**（メイカップ　マイ　マインドゥ）意味 決心する

ここでの my は your、her、his などと置き換えられます。

例文 He finally made up his mind to study music abroad.
　　　彼、やっと海外で音楽の勉強することを決心したんだ。

A : ストラトキャスターとレスポール、どっちもかっこいいね。

どっちのギターにするの?

B : なかなか決められないんだよね。

A : どういう音楽をもっと弾くかで決めたほうがいいよ。

B : 確かにそうだね。

✚ Additional points ▶

「そうだね」などと相づちを打つときに使える表現が他にもいろいろあります。
True. / You're right. / That's right. / I agree. / Absolutely. など。

●楽器上達のために(2)
～よい楽器で練習すると上達もはやい!

"楽器演奏"それは音楽といえども手先に関しては、自身の肉体を自由に操り、通常ではとても考えられない動きを必要とする点において、スポーツと同じです。スポーツでもリキます、脱力、瞬発力が大事ですね。音楽においても同じです。ただ、性能のよくない楽器で練習していると、脱力ができなくなり、リズムも表現もぎこちなくなり、これが癖として定着してしまいます。いい楽器で練習することは上達には必要なことです。

19. We have a rehearsal at noon.

A : How's your band coming along?

B : Pretty good.

We have a rehearsal at noon.

A : At noon? But I just saw Bob go home.

Isn't he your guitarist?

B : What? Yes, he is!

He must have forgotten.

He always *gives me a hard time*!

....

□ **give me a hard time**（ギヴ ミーア ハードタイム） 意味 困らせる

ここでの me は you、he、she などと置き換えられます。

例文 You want to change the songs on the set list? It's too late now. Please don't give us a hard time!
セットリストの曲を変えたいって？ 今から遅いよ。お願いだから僕たちを困らせないでよ！

A ： バンドはどう？　うまくいってる？

B ： うまくいってるよ。

今日の 12 時にリハーサルなんだ。

A ： 12 時に？　でも、たった今ボブが帰るのを見たけど。

君のバンドのギタリストだよね？

B ： え〜？　そうだよ！

忘れたのかも。

いつも僕を困らせてばかりだよ、彼！

● Japlish or English?

スタジオなどでコンセントが必要なときは間違っても

Is there a consent?

と言わないように気をつけましょう。これだと「同意はありますか？」となってしまいます。正しくは、

Is there an outlet?

となります。

20. That was an unforgettable show.

A : That was an unforgettable show!

　　The guitarist was awesome!

B : Absolutely.

　　It was so great that I forgot how hungry I was.

　　Why don't we grab something to eat?

A : Good idea. Oh, and we'll *go Dutch*.

B : No, you treated me yesterday, so let me buy you

　　dinner this time.

□ **go Dutch**（ゴウ　ダッチ）意味 割り勘

　Dutch は、「オランダの」という意味。

A ： 心に残るライブだった！

　　ギタリストが最高！

B ： 本当だね。

　　あまりにすばらしくてお腹が空いていたのを忘れてたよ。

　　何か食べに行かない？

A ： いいね。あ、割り勘ね。

B ： だめだよ。昨日おごってくれたから今回は僕に夕飯おごらせて。

➕ Additional points ▶

「ご馳走させてよ」にはいろいろな言い方があります。

    Let me buy you lunch / dinner.
    Lunch / Dinner is on me.
    It's my treat.

いろんな表現を使ってみましょう。

21. How did the rehearsal go?

A : How did the rehearsal go?

B : It went well until the lead and side guitarists started arguing!

A : Oh, no! What happened at the end?

B : Well, luckily, the lead guitarist ***threw in the towel*** quite quickly.

□ **throw in the towel**（スロゥ　イン　ダ　**タウォル**）　意味　負けを認める、降参する

この表現はボクシングで負けを認めたときにタオルを投げ入れることからきています。

➕ Additional points ▶

クイズの答えがわからず「降参」する場合は give up を使いましょう。

例文　I don't know the answer to the quiz. I give up.
　　　クイズの答えがわからない。降参だ。

A : リハーサル、どうだった？

B : うまくいったよ、リードギタリストとサイドギタリストの喧嘩が始まるまではね！

A : え〜？　最後はどうなったの？

B : まあ、幸いリードギタリストがすぐに負けを認めたよ。

Let's take five!
❺ 分 間 の 休 憩

　Non-native でよくある失敗が、否定疑問文で質問されたときの返事。例えば、

Aren't you tired?（疲れていない？）

と聞かれて疲れていない場合、日本語の感覚で答えると "Yes"（はい、疲れていません）と言ってしまうでしょう。しかし英語では、否定疑問文で質問をされ、その答えの後ろが肯定文の場合は Yes を、否定文の場合は No を使います。したがって、Yes, I'm not tired. ではなく "No, I'm not tired." が正しいのです。

22.

I'm a big fan of the vocalist.

A : Who is that present for?

B : I'm a big fan of the vocalist.

I want to give it to her, but I'm worried she might not take it.

Can you give it to her for me?

A : Stop being a ***chicken*** and just give it to her!

B : Ok. Wish me luck!

□ **chicken**（チケン） 意味 弱虫、腰抜け、臆病

chicken とは鶏のこと。この表現は仲間や友だちの間だけにしましょう。目上の人には使わないほうが無難です。

「おじけづく」「尻込みする」と言いたいときには chicken out を使いましょう。

例文 I was given the chance to play on stage, but I chickened out.
ステージで演奏する機会を与えてもらったけど、おじけづいちゃった。

A： そのプレゼントは誰にあげるの？

B： ボーカリストのファンなんだ。

彼女にあげたいんだけど、受け取ってくれないんじゃないかって心配。

代わりに渡してきてくれない？

A： 臆病になっていないで渡してくれば？

B： わかったよ。幸運を祈ってて！

Let's take five!
❺ 分 間 の 休 憩

　海外のバンド名やアーティスト名を日本語風に発音すると、外国では通じないことがよくあります。Madonna は「マドンナ」ではなく本当は「マ**ダー**ナ」だったり。まあ「マドンナ」はまだ通じるかもしれませんが、例えば Oasis を「**オ**アシス」と言うと相手は一瞬「？」となるかも。正しくは「オゥ**エー**イスィス」です。レッド・ホット・チリ・ペッパーズを「レッチリ」と略すのは、もちろん通じないのでご注意を。

23. We're having a jam session.

A : Hey, do you want to join us tonight?

We're having a jam session.

B : *You read my mind.*

I've been feeling like jamming!

Where and what time?

A : John has a studio at his place so we're meeting

there are seven.

Can you make it?

B : Of course! I'll be there. Seven o'clock on the dot!

□ **You read my mind.** (ユゥ ゥレッドゥ マイ マインドゥ) 意味 どうしてわかったの?、同じことを考えてたね

　ここでは相手に何かを言われてからこの表現を使っているので、read の発音は現在形の [/ríːd/] ではなく過去形の [/réd/] になります。この表現は過去形を用いる場合が多いです。

A： ねえ、今夜いっしょに参加しない？

　　ジャム・セッションするんだけど。

B： 僕もそれ考えてたんだ！

　　すっとジャム・セッションしたかったんだよ。

　　どこで何時？

A： ジョンの家にスタジオがあるから、彼のところで7時。

　　来れる？

B： もちろん！　7時ピッタリに行くよ！

●ジャムセッションとは？
　複数のミュージシャンが集まって自由に演奏すること。スタンダード曲もしくはコード進行だけをその場で決めて、各自のアドリブ演奏を順番に披露することが定番のスタイルです。フリージャズなどでは、同時進行で数人または全員が即興演奏をおこなうこともあります。

24. They're looking for a versatile drummer.

A: I heard you had an audition yesterday.

How did it go?

B: It was ***a piece of cake***.

The audition song happened to be a song I was

familiar with.

A: What are they looking for?

B: They're looking for a versatile drummer.

I hope I get the job.

□ **a piece of cake**（ア　ピーソブ　ケーィク）意味 簡単、朝飯前

as easy as pie という表現もあります。意味は a piece of cake と同じ。

例文 Sight-reading for him is as easy as pie.
彼にとって初見は朝飯前だ。

A : 昨日はオーディションだったんだってね。

どうだった？

B : 簡単だったよ。

オーディションの曲がたまたま知ってる曲だったんだ。

A : どんな人を探しているの？

B : 万能ドラマーを探しているんだ。

採用してほしいな。

> ──────────────── ● Japlish or English?
> ライブ後にたまに記入する「アンケート」。これは英語ではなく語源は
> フランス語の"enquete"なのです。英語では"questionnaire"と言
> います。

25.

I need to get a new pair of drumsticks.

A : May I help you?

B : I play heavy metal, and I need to get a new pair of drumsticks. Any recommendations?

A : These sticks are great.

And if you buy these now, you can download 20 songs free, *no strings attached*.

B : Great! I'll take them!

☐ **no strings attached**（ノゥ ストゥリングズ アタッチドゥ）意味 無条件で

A ： 何かお探しですか？

B ： ヘビメタを演奏するんですが、新しいスティックが必要なんです。おすすめはありますか？

A ： このスティックはいいですよ。

それに、今これを買うと無条件で20曲無料でダウンロードできますよ。

B ： それはいい！　それ、買います！

➕ Additional points ▶

英語では一対や一組になっているもの、足（脚）や手を入れるところが2つあるものなどには a pair of... を使います。例えば、

靴1組　a pair of shoes あるいは shoes のみ
靴1つ　a shoe （a shoes → ×）

でも、片方だけでは使うことができない jeans（ジーンズ）や glasses（眼鏡）などは a pair of jeans / glasses あるいは jeans / glasses という言い方しかできません。後者の場合、冠詞の a はつけません。

26. Tickets sell out quickly.

A : I wonder if we'll still be able to buy tickets for the live show next week?

B : I don't know. Tickets sell out quickly.

A : Let's rush to the box office after work tonight.
Too bad we can't get them online.

B : Well, let's ***keep our fingers crossed***.
If we're lucky, we might be able to get two tickets.

□ **keep one's fingers crossed**（キープ　ワンズ　フィンガーズ　クロスドゥ）

　意味　幸運（成功）を祈る（願う）

　この表現を使うときは人さし指と中指をクロスさせながら言う人もいます。one's を your や my に置き換えると以下のような表現になります：

　例文　I'll keep my fingers crossed.
　　　　幸運を祈っているよ。

　例文　Keep your fingers crossed.
　　　　幸運を祈っていて。

A： 来週のライブのチケットまだ買えるかな？

B： わからないな。すぐに売り切れるから。

A： 仕事が終わったらチケット売り場に急ごう。

オンラインで買えないのが残念。

B： まあ、買えることを願おう。

運がよければ2枚は買えるかもしれない。

27. A humidifier is a must for a vocalist.

A : Your voice sounds husky today. What happened?

B : It's been very dry recently.

I knew this was going to happen to my voice ***sooner or later***.

A : A humidifier is a must for a vocalist.

You should get one.

B : Yes. I will get one soon.

□ **sooner or later**（スーナー　オア　レイター）意味 遅かれ早かれ、いつかは

●●● 堀川真理夫のひとり言

　プロ・アマ問わず時間厳守は絶対です！　バブルのころはミュージシャンが断るくらい仕事があふれていました。そのため、ミュージシャンが平気で遅刻をしたり、ひどいときには現場に現れなかったりすることもありました。クビになっても他にたくさん仕事があって困ることがなかったので、けっこう強気でした。
　でも、今は違います。今では逆に、ミュージシャンの数が仕事の数を超えています。遅刻＝ルーズと、とらえられてしまうので相手に悪い印象を与えてしまいます。

A : 今日はハスキー声だね。どうしちゃったの？

B : 最近、乾燥してて。

　　いつかは声がこうなるのはわかっていたけどね。

A : 加湿器はボーカリストにとっては必需品だよ。

　　買ったほうがいいんじゃない？

B : うん。近いうちに買うよ。

➕ Additional points

must は助動詞として使う場合が多いですが、ここでは名詞として使われ、「必要なもの」という意味で使われています。比べてみましょう。

|例文| I must practice singing to be good.
うまくなるためには歌を練習しなければいけない。

|例文| Practice is a must to be good at singing.
練習は、歌がうまくなるためには必要なことだ。

28.

He has a beautiful falsetto voice.

A : Have you ever heard Alex sing?

B : No.

　　I didn't even know he can sing.

A : He was chosen as the new vocalist in Jo's band.

　　He has a beautiful falsetto voice.

B : ***Speak of the devil***. Isn't that him?

□ **Speak of the devil.** (スピーコヴ　ダ　デヴィル) 意味 噂をすれば影

●●● 堀川真理夫のひとり言

　昔はオーディションをよく受けました。今でもたまにあります。始めのころはすごく緊張して、けっこう固まっていた記憶があります。そのときは、自分がどのように相手に見えているのか、どのように自分のプレーが聞こえているのかが一番気になりました。

　でも、あるときその考えが変わって、オーディションに受からなくてもいいから自分がその場を楽しんでプレーをすればいいのだと思い始めたのです。オーディションに対する気持ちが変わった途端、受かる回数が増えました。オーディションによっては、うますぎて受からない、なんてこともあるので、それだったら自分のやりたいようなプレーをしたほうがいいと思いませんか？

A : アレックスが歌うの、聴いたことある？

B : ううん。

　　歌えることすら知らなかった。

A : ジョーのバンドのボーカルとして選ばれたんだ。

　　彼は美しいファルセットを持っているよ。

B : 噂をすれば、彼じゃない？

✚ Additional points ▶

　falsettoはイタリア語で「偽りの声」という意味。昔のシンガーでは、驚異的なファルセットボイスを持っていたビージーズのバリー・ギブが印象深いのではないでしょうか。

29. I sent him your demo CD.

A : Guess what?

My producer friend wants to meet your band!

B : What? Why?

A : I sent him your demo CD.

He is interested in your band!

B : Wow! *I can't thank you enough*.

This might be our big chance!

□ **I can't thank you enough.** (アイキャントゥ　サンキュー　イナッフ) 意味 感謝してもしきれない

A : ねえ、聞いて！

僕の知っているプロデューサーが君のバンドに会いたいって！

B : え？　何で？

A : 君たちのデモCDを送ったんだ。

君のバンドに興味があるって！

B : うわぁ！　君には感謝の気持ちでいっぱいだよ！

これは大きなチャンスかも！

✚ Additional points

話を切り出すときなどのGuess what? には「今から何を言うと思う？」とか「ねえ、聞いてよ」というニュアンスがあり、このあとに続く話はいい話だったり、悪い話だったりします。

例文 Guess what?　I bought a new guitar!
ねえ、聞いて！　新しいギター買っちゃった。

例文 Guess what?　The show is cancelled!
ねえ、聞いてよ！　ライブがキャンセルだって！

30. I recently joined a gospel choir.

A : This word is hard to pronounce. Can you help me?

B : Sure. What is the song?

A : I recently joined a gospel choir.

Since I'm not a native English speaker, I have trouble with the lyrics.

B : *Hang in there*, and you should be fine.

□ **hang in there**（ヘンギンゼア）　意味　がんばって、持ちこたえる

例文　I have a busy rehearsal schedule, but I'm hanging in there.
リハーサルで忙しいけど、何とかがんばってるよ。

A ： この単語、発音が難しい。手伝ってくれる？

B ： もちろん。何の歌？

A ： 最近ゴスペルグループに入ったの。

英語のネイティブじゃないから歌詞で苦労してるの。

B ： がんばって。大丈夫だよ。

●●● Small talk with Jina

外国語を話すときに意外と難しいのが受け答えやうなずき方。日本人の悪い癖は、何を言われてもただ笑うことだと思います。よく使われるのが以下の表現ですが、これ以外にももっとあるので、映画や生の会話を聴いて自分のリストを作ってみましょう。

I see.　なるほど。
That's right.　そうだよ。
I didn't know that.　知らなかった。
Are you serious?　本当に？

31. I couldn't remember the chord progression.

A: Did your show go well last night?

B: I *messed up* on the first song!

A: Oh, no!

What happened?

B: Well, I couldn't remember the chord progression.

☐ **mess up**（メサップ） 意味 しくじる、間違う

mess は「散らかっている」という意味。他に mess を使った表現で mess with ~があり、これは「ちょっかいを出す」の意味になります。

例文 Don't mess with me when I'm practicing.
　　　練習中は、私にちょっかい出さないで。

A : 昨日のライブ、うまくいった？

B : 1曲目でしくじっちゃってさ。

A : え～！

　　どうしちゃったの？

B : いやあ、コード進行が思い出せなかったんだ。

●●● 堀川真理夫のひとり言

　バンドをまとめるのは簡単なことではありません。1人ひとり異なったバックグラウンドを持っているからです。例えば、経験・演奏力・音楽の好みなど。これらが一致していないほど、まとめるのは安易ではないでしょう。

32. Let's send a demo CD to a record company.

A : We have many original songs now.

B : You're right.

Why don't we start recording?

A : Yes, and what do you think?

Let's send a demo CD to a record company.

B : I agree.

You never know. Somebody might be interested.

....

□ **you never know**（ユー　ネヴァー　ノゥ）意味 ひょっとしたらそうかも、もしかしたらそうなるかもよ

同じ意味で Who knows? という表現もあります。

例文 We might become famous. Who knows?
　　　ひょっとしたら、私たち有名人になるかもよ。

Who knows? には「誰か知らない？」と言う意味もあります。だいたいグループに向かって言います。

A ： オリジナル曲がもうだいぶあるね。

B ： 本当だね。

レコーディング始めない？

A ： うん。あと、どう思う？

音楽事務所にデモ CD 送ろうよ。

B ： そうだね。

ひょっとしたら、興味を持ってくれる人が現れるかも。

....

|例文| Ann doesn't know the name of this singer. Who knows?
アンはこの歌手の名前を知らないけど、知ってる人いる？

33.

Let me buy the tickets to tonight's show.

A : Let me buy the tickets to tonight's show.

B : But you bought me dinner yesterday!

A : Please!

You always give me free vocal lessons.

B : Okay.

If you insist.

□ **if you insist**（イッフユー　インスィストゥ）　意味　どうしてもと言うなら、お言葉に甘えて

insist は「しつこく要求する」という意味。

例文　He insisted on playing the solo part, although he wasn't good.
　　　彼はうまくないのにソロを弾くのを強く要求した。

A ： 今夜のライブのチケット僕に買わせて。

B ： でも昨日の夕飯おごってくれたじゃない！

A ： お願いだから！

　　　いつも無料でボーカルレッスンしてくれてるじゃない。

B ： わかった。

　　　じゃあ、お言葉に甘えて。

34.

I wasn't happy with my performance.

A : What happened? You don't look happy.

B : I wasn't happy with my performance.

I could have done better in my solo.

A : The audience liked it.

Lighten up!

You did great!

B : Thanks. I guess I'm just too worried.

- **lighten up**（ライテナップ）意味 元気だして

この表現を使うときには、Light up! と言わないように気をつけなければいけません。Light up! と言ってしまうと「顔を明るくして！」になるので、気をつけましょう。

A : どうしたの？　元気ないけど。

B : 自分の演奏に満足できなかったんだ。

　　ソロをもっとうまくできたはずなのに。

A : お客さんは喜んでたよ。

　　元気出して！

　　よくやったよ！

B : ありがとう。心配しすぎかな。

➕ Additional points ▶

　クリスマスなどの時期になるとツリーがライトアップされますが、そのまま英語にしてしまうと間違いです。気をつけましょう。

× The tree was light up.
◯ The tree was lit up.
◯ The tree was illuminated.

35. How did you get into the music business?

A : How many years have you been a musician?

B : Let me see… Almost 20 years already.

A : How did you get into the music business?

B : Well, *it's a long story*.

□ **It's a long story.**（イッツァ　ロング　ストーリー）　意味 話せば長い

A： ミュージシャンになって何年ですか？

B： そうだね……もう約 20 年だよ。

A： どうやって音楽業界に入ったんですか？

B： まあ、話せば長い話だよ。

堀川真理夫のひとり言

　僕が日本に帰国する前、ニューヨークのシクレラ・スタジオというところでアシスタント・エンジニアとして働いていました。そこではいろいろなアーティストのレコーディングに立ち会いましたが、今でも忘れられないのがアル・ジャローのワンテーク OK レコーディング。さすが！　と思いました！

【コラム】
ポピュラー音楽に英語はかかせない！？

上田 浩司

　みなさんは、ポピュラー音楽というと、どのような音楽を思い浮かべますか？　音楽用語の一般的な定義としては、ポピュラー音楽とポップスとは同義語で扱われていて、クラシックや伝統音楽以外のロックやジャズ、ブルース、フュージョン、ブラックミュージック、ラテンミュージックなどが、ポピュラー音楽と呼ばれています。

　ポピュラー音楽は実に面白く発展的な音楽で、ジャンルの違う音楽が融合し新しい音楽が次々と誕生しています。例えば、フュージョンやブラックミュージック、ダンスミュージックなどは、アメリカ発祥の音楽（ロックやジャズなど）と特有のリズムが持ち味のラテン音楽（サルサやレゲエ、ボサノバなど）が、融合し誕生しました。

　さまざまな音楽が融合したポピュラー音楽は、アメリカで発展してきました。私はそのことを長年のアメリカ生活のなかで肌で感じてきました。移民が多く、自由な発想と独創性を尊重するアメリカだからこそ、新しい音楽を次々と生み出してきたのでしょう。また、それを自然に受け入れ、自由に楽しく音楽を体で楽しむアメリカ人の国民性が現れている音楽、それがポピュラー音楽だと感じています。

　最近は、ポピュラー音楽をもっと深く学びたいという方々から、相談のメールをいただくことがあります。相談の多くは、英語が壁になっているという事実です。留学する人はもちろんですが、日本国内で活動する場合でも、このような悩みを持たれている人が多いようです。

「演奏理論を調べても英語が多くて理解できないので翻訳してくれませんか？」

「You Tubeの解説（英語）を訳してほしいのですが…」

「バークリーに留学するための英語力ってどれくらいですか？」

　先ほども述べましたが、ポピュラー音楽はアメリカで発展してきました。当然、その演奏や理論、歴史、教育法などに関するさまざまな情報が英語によって確立されています。最近は急速なグローバル化にともない、それらのやり取りの多くを英語で求められる人が増えているのだと実感しています。これが、私たちがこの本を「書いてみよう！」と思い立った大きな理由の1つです。そして、日本で音楽に携わる人の将来的な展望を考えると、この本を書かずにはいられない理由がもう1つ出てきたのです。

　それは、現在の日本の音楽産業を概観すると、圧倒的にポピュラー音楽が中心だということです。もし、ポピュラー音楽に関する情報を英語で理解し表現できる人がもっと増えたら、日本人の音楽関係者にとって多くのメリットをもたらすことは間違いないと確信したのです。

　これからの時代、国内の音楽産業であっても、日本語のみに頼らず英語が使えることで、活動の幅がもっともっと広がると考えたことのある人もいるのではないでしょうか？　私自身、1人の音楽家として、さまざまな国のミュージシャンとセッションをしてきました。そこに言葉の壁があったら容易にはできなかったこともたくさんあったと思います。英語はコミュニケーションの重要なファクターなのは間違いありませんが、日本人の音楽関係者にとって、多種多様なチャンスを得られる可能性が未知に広がっているということでもあるのです。

Part 2

演奏しましょう！

Let's Play Music!

～専門会話編～

・・

　楽器を演奏したり歌ったりすることは、世界の人たち共通の楽しさです。多少言葉が通じなくても、いっしょに気持ちよく演奏できたら、それはもう立派なコミュニケーションですよね。でも、うまくセッションの流れが相手に伝わらなかったり、勘違いがあれば、せっかくの楽しいはずの演奏もうまくいかないかもしれません。

　英語で演奏のテクニックや譜面の説明、表現の言い回しなどを知っていると、このような機会を思う存分に楽しめます。さらには、観光の機会を利用した海外でのレッスン受講や、来日中のミュージシャンによるワン・レッスン、マスタークラスへの参加なども、より充実したものになりますね。場合によってはレコーディングすることもあるかもしれません。

　貴重なチャンスをより深い内容にするためにも、ぜひ、音楽の専門表現は知っておきたいものです。

ボーカルおよび楽器別の演奏テクニックに関する表現

ボーカル (Vocal)

1.

I blew it on the second chorus.
2番目の繰り返しで間違えてしまいました。

- **on the ... chorus**（オンダ … コーラス）〔歌などの〕…番目の繰り返しで

2.

I like this vocalist's husky voice, and her easygoing singing style is what makes it sound good.
このボーカルのハスキーな声も魅力だし、この気だるそうな歌い方がまたいいですね。

- **husky voice**（ハスキー ヴォイス）ハスキーな声質
- **easygoing singing style**（イーズィーゴーイング スィンギン スタイル）気だるそうな歌い方

3.

Maybe we can call her for backing vocals.
彼女をバックコーラスとして呼んでみてもいいかもね。

☐ **backing vocals**（ベッキン　ヴォーカルズ）　バックコーラス

4.

She has a soprano voice and should be able to sing that section with ease.
彼女はソプラノだから、あのパートも簡単に歌えるはずですね。

5.

I usually sing it in F, but I can manage it in C.
普段、私はFで歌っているのですけど、Cでも大丈夫です。

☐ **sing in ...**（スィンギン　…）　…のキーで歌う

6.

My voice doesn't project well.
私の声質はよく通りません。

☐ **project well**（プロジェクトゥ　ウェル）〔声質が〕よく通る

85

7.

Some funk groups in the 60's and 70's feature well-harmonized group vocals.
60年代や70年代のいくつかのファンクグループは、しっかりとしたボーカルのハモリが特徴ですね。

- **well-harmonized**（ウェル ハーモナイズドゥ）〔コーラスなどが〕しっかりとハモった

8.

I really like their tight unisons with extremely high falsetto male voices.
彼らのすごく高い男性ボーカルのファルセットがしっかり決まったユニゾンは、すごくいいよね。

- **unison**（ユニゾン） ユニゾン
  - 解説 複数の人または楽器が同じ旋律を演奏すること。
- **falsetto**（ファルセット） 裏声
  - 解説 高音域の音を技巧的な発声によって出した声。

9.

When I sing, I can't stay in pitch, especially on a long tone.
歌っているときに、特にロングトーンで音程がはずれてしまいます。

How can I improve this?
どうしたらよくなりますか？

- **stay in pitch**（ステイ イン ピッチ） 音程を保つ

10.

To acquire good pitch, you have to practice your solfege.
音程を安定させるためには、ソルフェージュを練習しないとね。

- **good pitch**（グッドゥ ピッチ） 安定した音程
- **solfege**（ソルフェージュ） ソルフェージュ
  - 解説 聴音や楽譜の読み書きの基礎訓練を意味する。

11.

It's also important to work on your breathing techniques.
ブレスのテクニックを身につけることも大事ですね。

12.

You should make it a habit to listen to your own singing voice.
自分が歌っているときの声をよく聴くことを習慣づけるようにするべきです。

13.

Let's start with solfege for a warm up.
ソルフェージュでウォーミングアップしましょう。

- **warm up**（ウォーマップ） ウォーミングアップ

14.

Are you familiar with movable Do?
「移動ド」には慣れていますか？

- movable Do（ムゥヴァブル　ド）　移動ド
  - **解説** それぞれのキーの主音をドとして定めて読譜する方法。どのキーにおいてもドレミ〜として読む。⇔ fixed Do　固定ド

15.

I have always been using fixed Do.
「固定ド」をずっと使っています。

- fixed Do（フィックスドゥ　ド）　固定ド
  - **解説** どのようなキーであってもその音固有の音名で読み歌うこと。
  ⇔ movable Do 移動ド

16.

Can you sing a fourth up this melody using movable Do?
「移動ド」を使って、これを4度上で歌ってみてください。

- sing a ... up（スィン　ア　...　アップ）　… 度上で歌う

17.

Sight-sing this four bar melody with La.
この4小節のメロディーを"ラララ"と、初見で歌ってみて。

- [ ] **sight-sing**（サイトゥ スィン） 初見で歌う
- [ ] **... bar melody**（... バー メロディー） …小節のメロディー

18.

You are straining your vocal cords.
声帯に無理な力を与えていますね。

Whatever register you sing in, you have to relax your vocal cords.
どの音域で歌うにしろ、声帯をリラックスさせないといけませんね。

- [ ] **vocal cords**（ヴォーカル コーズ） 声帯
- [ ] **register**（レジスター） 音域

19.

You need to sing from your diaphragm.
腹式呼吸で歌う必要がありますね。

The way to do it is to use your abdominal muscles to control your breath.
やり方としては、腹筋を使ってブレスをコントロールすることですね。

- [ ] **sing from one's diaphragm**（スィン フロム ワンズ ダイアフラム） 腹式呼吸で歌う

20.

Try using falsetto on the high E.
高いE音では裏声を使ってごらん。

21.

This phrase would sound better in your chest voice because it's fuller.
ここのフレーズでは厚みがあるチェストボイスのほうがいいね。

- [ ] **chest voice**（**チェストゥ ヴォイス**） チェストボイス
    解説 肺からの空気で声帯を響かせる声。低音域を歌うのに使用する。地声。

22.

Some ways to improve your phrasing are lingering over a long note and changing inflection on certain words.
フレージングを上達させるには、長い音をさらに長くしたり、歌詞の一部で歌い方の抑揚を変えてみたりするといいよ。

Even adding a small flourish may help.
装飾音をつけたりするのも効果的かもしれないね。

- [ ] **change inflection**（**チェインジュ インフレクション**） 歌い方の抑揚を変える
- [ ] **words**（**ワーズ**） 歌詞
- [ ] **flourish**（**フルーリッシュ**） 装飾
    解説 もとのメロディーに音をつけ加えて飾りつけをすること。ボーカルの場合、メロディーフェイク、コブシなどを含む。

23.

Sing using more vibrato.
もっとヴィブラートを使ってみて。

This way, you will have more identity.
そうすればもっと自分を出せるよ。

- **vibrato**（ヴィブラート） ヴィブラート
  解説 歌っているある音の高さを揺らすこと。

24.

Interpretation shouldn't involve too many vocal techniques.
表現にはいろいろなボーカルテクニックの使いすぎは禁物だよ。

- **interpretation**（インタプレテーション） 演奏の表現

25.

The best interpretation is done when you feel and believe the words you are singing.
歌っている歌詞を感じ取り、信じれば一番いい表現ができますよ。

26.

I can't seem to stay in tune and in time when I sing in a chorus group.

コーラスグループで歌うとき、なかなか音程とリズムが安定しないみたいです。

- [ ] **stay in tune**（ステイ　イン　**チューン**）　音程を保つ
- [ ] **stay in time**（ステイ　イン　**タイム**）　リズムを保つ

27.

People tend to block out the sound of the other members' voices.

他のメンバーの声をシャットアウトしてしまいがちですね。

28.

The more harmony parts there are, the more difficult a piece could be for a vocal group.

ボーカルグループにとってハーモニーのパートが多ければ多いほど曲は難しくなります。

29.

You have to create a harmonic whole for counterpoint. Therefore, the balance between voices becomes important.

対位法にはハーモニー全体を作り上げなければいけないので、声のバランスが大事ですね。

- **counterpoint**（カウンタポイントゥ） 対位法
  解説 主旋律に対して、別な旋律がサポート的に流れるような作曲・アレンジの技法

ギター（Guitar）

30.

Your upstrokes are softer than your downstrokes.
あなたのアップストロークはダウンストロークより音が小さいですね。

31.

How do you know when to pick upwards or downwards?
アップピッキングとダウンピッキングはどのようにして使い分けるのですか？

- **pick upwards**（ピック アップワーズ） アップピッキングをする
- **pick downwards**（ピック ダウンワーズ） ダウンピッキングをする

32.

For the downbeat pick downwards, and for the upbeat pick upwards.
ダウンビートにはダウンでアップビートにはアップピッキングを使います。

33.

First of all, you have to start with practicing playing 16th notes evenly on the down and up strokes.

まずは、ダウンストロークとアップストロークで 16 分音符を均等に弾く練習をしなくてはいけません。

- ☐ **play … notes evenly**（プレイ … ノウツ イーヴンリー） … 音符を均等に弾く

34.

Try to play, maintaining the same volume, alternating down and upstrokes.

一定した音量を保ちながら、交互にアップとダウンストロークを弾いてみてください。

- ☐ **maintain the same volume**（メインテイン ダ セイム ヴォーリューム） 音量を一定に保つ
- ☐ **alternate down and upstrokes**（アルタネートゥ ダウン エンドゥ アップストロークス） ダウンストロークとアップストロークを交互におこなう

35.

I recommend playing Bach's violin pieces with a pick.

バッハのヴァイオリン曲をピックで弾くことは、おすすめです。

- ☐ **play … with a pick**（プレイ … ウィズ ア ピック） … をピックで弾く

36.

How would I know if a pick is the right one for me?
ピックが自分に合っているかは、どのようにわかるのでしょうか？

37.

I use a medium triangular-shaped pick made of nylon.
I think it's a good all-round all-purpose pick that will suit most styles of music.
私はナイロンのミディアムトライアングル・タイプを使っていますが、これは万能タイプでどのジャンルの音楽にも合うと思います。

38.

A hard pick gives you a harder tone and a soft pick gives you a softer tone.
固いピックはより固い音を、柔らかいピックはより柔らかい音を出してくれますよ。

☐ **hard tone**（ハードゥ　トーン）　固い音
☐ **soft tone**（ソフトゥ　トーン）　柔らかい音、小さな音

39.

I have a problem deciding where to play a certain note, since there's more than one position to play it on the fingerboard.

フィンガーボード上では１つの音を数か所で弾けるので、どのポジションで音を弾こうかと、いつも迷ってしまいます。

☐ **fingerboard（フィンガーボードゥ）** 指板

40.

Put your fingers on the correct position to play the scale.

そのスケールを弾くには、指を正しいポジションに置いてみましょう。

41.

If you know your fingering, you should find where it's best to play a certain note, and the music should sound smooth.

フィンガリングを理解していれば、ある音を弾くときにどのポジションが一番適しているかがわかりますし、曲もスムーズに聞こえるはずです。

42.

Some guitarists aim to have a more consistent sound by using minimum string change as possible.

ギタリストの中には安定した音を求めるために、最小限のストリングチェンジをする者がいます。

That's the so-called linear approach.
それは、いわゆるリニア・アプローチと呼ばれるものですね。

- **string change**（ストゥリン　チェインジュ）　ストリングチェンジ
  解説 フレーズや音階を弾く際に、異なる弦を使用すること。左手のポジション移動が少なく動きが安定するが、リニア・アプローチに比べ音質に若干ばらつきがある。
- **linear approach**（リニア　アプローチ）　リニア・アプローチ
  解説 可能な限り少ない弦間の移動により弾くこと。音質により安定感は得られるが、左手のポジション移動が多くなり、早いフレーズや音階の演奏には不向き。

43.

I get discouraged to play at the higher positions because they're a whole new area.
高めのポジションは、まったく学んでないので弾くのに尻込みします。

44.

I want to be able to play scales horizontally as well as I do vertically.
スケールを弾くとき、上下の弾き方と同じくらいに横方向の弾き方もできるようになりたいです。

45.

Play the C major scale starting from the open string all the way up to the highest fret possible on the fingerboard.
Cメジャースケールを開放弦から始めて、フィンガーボード上のフレットの上がれるところまで弾いてみてごらん。

☐ **open string**（オープン ストゥリング） 開放弦

46.

The important thing is to know the exact position of each note on the fretboard first.
大切なのは、まずフレットボード上にある１つひとつの音の正確なポジションを知ることです。

☐ **fretboard**（フレットゥボードゥ）＝ **fingerboard**（フィンガーボードゥ） 指板

47.

Don't forget playing scales horizontally.
スケールを横方向に引くことを忘れないでください。

This is effective because you will be forced to move upwards to the higher frets.
これは高いほうのフレットをどうしても使うことになるので効果抜群です。

48.

From the 12th fret, you can use the same fingering as you were on the lower frets as long as there are no open strings involved.
開放弦を使っていない限り、12 フレット以上は低いフレットで弾くときのフィンガリングを使えます。

You will be playing an octave up by doing this.
このときは 1 オクターブ上になりますね。

- **play an octave up**（プレイ　アン　オクテーヴ　アップ）　1 オクターブ高い音域で演奏する

49.

I play funk and I chuck a whole lot.
私は（自分のスタイルとして）ファンクを演奏するので、カッティングはたくさんやります。

- **funk**（ファンク）　ファンク
  - 解説　ジェームズ・ブラウンなどに代表される 16 ビートを基本としたソウルミュージック。
- **chuck**（チャック）　カッティングする
  - 解説　ギターのストローク奏法の一種。歯切れのよいサウンド効果と 16 ビートを多用したリズムが特徴。

50.

I can't seem to chuck on my guitar effectively.
ギターのカッティングがしっくりきません。

What is the best way to practice?
何が最もいい練習方法ですか？

51.

Gradually add in chords.
徐々にコードを足していってください。

At the same time, mix in combinations of muted and unmuted sounds for a variety of rhythm patterns.
同時に、ブラッシング音と実音の組み合わせを混ぜて、いろんなリズムパターンをやってみるといいですよ。

- **muted sound**（ミューテッドゥ　**サウンドゥ**）　ブラッシング音
  解説 ギターでコードを弾く際に、数本の弦を消音しながらストロークして出すパーカッシブな音。
- **unmuted sound**（アンミューテッドゥ　**サウンドゥ**）　ブラッシングしない音、実音

52.

Don't you think the nylon-strings guitar should sound a bit warmer?
あのガットギターの音質、もう少し甘いほうがいいと思いませんか？

- **nylon-strings guitar**(ナイロン　ストゥリングズ　ギターア）ガットギター、クラシックギター
- **sound warm**（サウンドゥ　ウォーム）甘い響きがする

53.

I like the way the guitarist bends his notes.
あのギタリストのチョーキングのテクニックが気に入りました。

- **bend ... note**（ベンドゥ　...　ノウトゥ）〔ギターで〕チョーキングする
  - **解説** ギターの指板上で、弦を押さえている指を引き上げるか引き下げるかして音程を上げるテクニック。

54.

I like the guitarist's fat distorted sounds.
あのギタリストのディストーションがかかった太い音が好きです。

- **distorted sound**（ディストーテッドゥ　サウンドゥ）ディストーション・サウンド
  - **解説** ギターの音が真空管仕様のアンプで独特の歪みを帯びた音、またはそれを専用の装置（エフェクター）で作り出した音。エレキギター独特の太いサウンドとなる。

55.

I was wondering if you know any good guitar tech.
いいギター職人を知りませんか？

I want to have my frets on my axe replaced.
ギターのフレットを交換したいのです。

- **guitar tech**（ギターア テック）　ギター職人、guitar technician の略
- **axe**（アックス）　ギター。ギターを表す俗語

キーボード (Keyboard)

56.

In jazz, the bassist plays the walking bass, so there will likely be a clash when he moves with your left hand playing the root.
ジャズではベーシストはウォーキングベースを弾くから、あなたの左手がルートを弾くと音がぶつかる確率が高いです。

- **clash**（クラッシュ）　複数の音がぶつかった状態

解説 ジャズベースが担当するライン（ウォーキングベース）ではルートが多く使われるので、キーボードの低音域（左手のパート）はルートを避けて弾くほうが無難とされる。

57.

It's usually better to leave the lower range open for the bassist so he can move freely.
低い音域は、ベーシストが自由に弾けるように空けておいたほうがいいですね。

- **range**（レインジュ）　音域

58.

What should my left hand play when I comp in jazz?
ジャズの伴奏での左手は何を弾けばいいんですか？

59.

Keep the chords simple.
コードをシンプルにしましょう。

You may want to use only 2 notes.
２音だけ使うといいかもしれません。

For example, play just the 3rd and the 7th of the chord.
例えば、コードの３度（サード）と７度（セブンス）だけを弾いてみてください。

■解説　コードの３度と７度は、"ガイドトーン"と呼ばれ、そのコードの特徴を響かせる最も基本的な要素である。

60.

The right hand can play the upper structures of the chord. In other words, the tensions.

右手についてはコード構成音の上部分を弾くといいです。要するにテンションですね。

- [ ] **upper structures of the chord**（アパー ストゥラクチャーズ オヴ ダ コードゥ） コード構成音の上部分

61.

Since the velocity of every pitch is the same on the organ, you have to use the volume pedal for expressions.

オルガンではすべての音の音量は均一なので、表現をつけるにはボリュームペダルを使います。

- [ ] **velocity**（ヴェロースィティー） キーボード系楽器における音量
- [ ] **volume pedal**（ヴォーリューム ペダル） ボリュームペダル

　解説 オルガンでは鍵盤での強弱は均一なので、音量の強弱をつけて表現するために、ボリューム調整が可能な足で踏むペダルを使用することがある。

62.

Being a keyboardist, you have advantage over other instruments in composing and arranging music because you can play the bass and melody notes at the same time.

キーボーディストとして、作曲と編曲に関しては他の楽器より有利です。それは、ベースとメロディーを同時に弾けるからです。

- □ **compose**（コンポーズ） 作曲する
- □ **arrange**（アレインジュ） 編曲する

63.

Do you think I should still use my piano finger exercise book even after I've finished it?

ピアノの指練習の本は、終了後も続けて使ったほうがいいですか？

- □ **finger exercise**（フィンガー　エクササイズ） 指練習

ベース（Bass）

64.

The bassist's thumping sound really drives super grooves!

あのベーシストのガンガンくるサウンド、本当にすごいリズムのうねりを出してるよね！

- □ **thumping sound**（サンピング　サウンドゥ） ガンガンくるサウンド
- □ **drive ... grooves**（ドゥライヴ　...　グルーヴズ） … なリズムのうねりを出す

65.

Can I just play the chord roots when I play samba and bossa nova?

サンバやボサノバを弾くときは、コードのルートだけ弾けばいいのですか？

☐ chord root（コードゥ　ルートゥ）　コードのルート

66.

Alternating the root and 5th is more common when you play samba and bossa nova, simulating the dotted 8th note and 16th note rhythm of the surdo.

サンバやボサノバを演奏するときは、スルドの付点８分と16分音符のリズムを模擬しながら、ルートと５度（フィフス）を交互に弾くのが一般的ですね。

☐ dotted 8th note（ダッテドゥ　エイス　ノウトゥ）　付点８分音符
☐ surdo（スルド）　スルド
　　解説　ブラジル系音楽で使用されるパーカッション。

67.

Sticking to the root lays a solid foundation of the song, thus, making it easier for the vocalist to sing.

ルートを常に弾くことによって曲のしっかりとした土台ができるので、ボーカリストも歌いやすくなりますね。

68.

Remember to play other notes for variation but concentrating mainly on the chord root.

コードのルートを中心にしながらも、バリエーションをつけるために他の音も弾くようにしましょう。

69.

I always play rock and funk, but I give up when it comes to jazz. I want to be able to play jazz style bass lines.

いつもロックやファンクは演奏していますが、ジャズになるとお手上げです。ジャズ風のベースラインも弾けるようになりたいです。

- [ ] **... style bass lines**（... スタイル　ベイス　ラインズ）…風のベースライン

70.

You're probably talking about a walking bass line.

ウォーキング・ベースのことですね。

- [ ] **walking bass line**（**ウォーキン　ベイス　ライン**）ウォーキング・ベースライン

  解説 4ビートを刻むジャズ独特のベースライン（ラインとは音の流れ）。

71.

When I play simple 8th note rhythms, I can't seem to groove. I sound more like a machine!

シンプルな8分音符のリズムを弾くとき、"リズムのノリ"がなかなか出せません。機械（リズムマシーン）みたいになってしまいます。

72.

When I use the fretless bass, what are some of the things that I should look out for?

フレットレスベースを弾くときに気をつけるべきことは何ですか？

- ☐ **fretless bass**（フレットゥレス　ベイス）　フレットレス・ベース
  - **解説** フレットがないエレクトリックベースで、ウッドベースのような滑らかなサウンドと多彩な表現が可能。

73.

The fretless bass easily goes out of tune since there are no frets to help you.

フレットレスベースには音の目安となるフレットがないため、音程をはずしやすくなります。

- ☐ **go out of tune**（ゴウ　アウトヴ　**チューン**）　音程がはずれる

74.

Try connecting notes with a gliss. This is a very idiomatic characteristic of the fretless bass.

音と音をグリッサンドでつないでみてください。これはフレットレスベースのとても一般的な表現の特徴です。

....

- **connecting notes with a gliss**（コネクテイン　ノウツ　ウイズ　ア　グリス）
  グリッサンドで音をつなぐ

  解説 グリッサンドとは、2つの音の間を流れるように続けて弾く奏法。特にフレットのない弦楽器では指を滑らし音程を隙間なく変えていくので、独特のサウンド表現が可能となる。

75.

"What is the difference between upright bass, string bass, double bass, contrabass, and bass fiddle? Are they all different instruments?"

「アップライトベース、ストリングベース、ダブルベース、コントラバス、そしてベースフィドルの違いは何ですか？　全部違う楽器ですか？」

"Nope, they all refer to the same instrument."

「いいえ、全部同じ楽器の意味なんですよ。」

ドラムス (Drums)

76.

Don't you just like it when the drummer pushes the beat?
あのドラムがビートを攻め立てるような前ノリ感なんて、ちょっといいと思わない？

- **push the beat**（プッシュ ダ ビートゥ） リズムが前ノリのビートで演奏する

77.

Can you start with four on the floor?
バスドラムが4分音符を刻むビートのリズムパターンで始めてください。

- **four on the floor**（フォー オンダ フロール） バスドラムが4分音符で刻むリズムパターン
  - **解説** ダンスミュージックやディスコなどで使用される。

78.

How can he play such a complicated snare and hi-hat combination in this fast tempo?
彼は、どうやったらこんなに複雑なスネアとハイハットのコンビネーションを、こんなに速いテンポで叩けるのだろうね。

- **snare and hi-hat combination**（スネア アンドゥ ハイハットゥ コンビネーション） スネアとハイハットのコンビネーション

79.

Your kick drum rhythms aren't as smooth and steady as your hi-hat and snare rhythms.
ドラムのキックドラムが、ハイハットとスネアのリズムほどスムーズではないし安定もしていないですね。

□ **kick drum rhythm**（キック　ドゥラム　リズム）　キックドラムのリズム
　　解説 "kick drum" は "bass drum" とも言われます。

80.

I'll be using brushes instead of sticks for the next song.
次の曲にはスティックではなくブラシを使います。

It's a slow jazz tune.
スローなジャズですからね。

81.

For the next rock song, I want to use my maple snare for a heavier sound.
次のロックでは、より重い音を出すためにメープルスネアを使いたいです。

□ **heavy sound**（ヘヴィー　サウンドゥ）　重い音

82.

I'll change my hi-hats to 15 inch ones for added effect.
効果を加えるために、ハイハットを 15 インチのものに変えます。

83.

You have to spend at least the same or preferably more time practicing your bass drum since your legs are harder to control than your hands.
手より足のほうがコントロールしづらいですから、同じくらいの時間、もしくはもっとバスドラムの練習に時間をかけないといけませんね。

84.

Should I choose electric drums over a practice pad kit?
練習パッドよりエレキドラムを選んだほうがいいですか？

85.

Some musicians think that the drummer's count-in is not part of the song.
ミュージシャンの中には、ドラムのカウント・インが曲の一部と思っていない人もいます。

☐ **count-in（カウントゥイン）** カウント・イン
　　解説 演奏を始める前にタイミングを取るために１小節か２小節のカウントをすること。

86.

For musicians, the drummer's count-in should really be the point where the song starts.
ミュージシャンにとっては、ドラマーのカウント・インが入った時点が本当に曲の始まりであるべきですね。

87.

In a sense, a drummer is like a conductor, making sure the song starts right and continues to be till the end.
ある意味、ドラマーは指揮者みたいなものですね。曲の始まりをしっかりとしながら最後までもっていくことを確実にすることです。

- [ ] **conductor**（コンダクター） 指揮者

88.

If I speed up the tempo, everybody follows.
私がテンポを上げると、皆ついてきます。

I usually rush without knowing it.
知らず知らずのうちに走ってしまっています。

- [ ] **speed up the tempo**（スピーダップ ダ テンポウ） テンポを上げる
- [ ] **rush**（ラッシュ） テンポが走る

89.

It would be helpful to let the band know of a section change within a song by putting in fills in the bars before the changes.

数小節前でフィルインを入れることで、曲中のセクションが変わるのをバンドメンバーに知らせるとわかりやすいよね。

- [ ] **putting in fills**（プッティン　イン　フィルズ）　フィルインを入れる
    - **解説** メロディーの空き部分やセクションの変わり目に１〜２小節で即興的に演奏すること。

90.

Arrangers and producers expect drummers to be able to sync to a click track.

編曲家やプロデューサーは、ドラマーがちゃんとクリックにぴったり演奏できることを当然に思っています。

- [ ] **arranger**（アレインジャー）　編曲家
- [ ] **sync to ...**（スィンク　トゥ　...）　… にぴったり合わせる

91.

A click track is a constant metronome beat that helps musicians to stay at a certain tempo.

クリックとは、ミュージシャンがあるテンポを保てるための安定したメトロノームのビートのことです。

- [ ] **click track**（クリック　トゥラック）　クリック

92.

I have trouble staying in sync with the click track.
うまくクリックに合わせてキープすることができません。

- **staying in sync with ...**（ステイン イン スィンク ウィズ ...） … に合わせて保つ

93.

Since I'm right-handed, what is a good way to condition my left hand?
右利きなのですけが、左手を調子よくするにはどうしたらいいですか？

- **right-handed**（ライトゥ ハンデッドゥ） 右利き
    - ↔ left-handed 左利き

94.

I suggest paradiddle. The patterns of these exercises help to condition both hands equally.
パラディドルをすすめます。この奏法のパターンを練習すると、両手の調子を均等に整えることができます。

- **paradiddle**（パラディドゥル） パラディドル
    - 解説 スネアドラムの基本奏法の1つ。

95.

I usually spend more time practicing my paradiddle at home with a pad.

家ではパッドを使って、パラディドルをもっと練習しているんです。

□ pad（パッドゥ）　ドラム練習用の消音パッド

96.

Get the drum machine with drum patterns pre-programmed.

ドラムパターンがプリプログラムされているドラムマシーンを買うといいよ。

You can listen to good examples of different drum patterns present in various genres.

いろいろなジャンルのドラムパターンのいい例が聴けるからね。

全楽器共通の演奏テクニックに関する表現

97.

I'm not so good at fast phrases. Do you have any suggestions what to practice?
速いフレーズが苦手です。何を練習したらいいのか、アドバイスありますか？

- [ ] **fast phrase**（ファーストゥ　フレイズ）　速いフレーズ

98.

I can't play the fast passage here.
ここの速い音の流れがうまくできません。

It's the sixteenth note phrase at the second ending before the hook (bridge).
サビの前の2番カッコの16分音符のフレーズのところです。

- [ ] **passage**（パセージュ）　音の流れ
- [ ] **sixteenth note phrase**（スィックス**ティー**ンス　**ノウ**トゥ　フレーズ）　16分音符のフレーズ
- [ ] **second ending**（**セ**カンドゥ　**エ**ンディング）　2番カッコ
- [ ] **hook**（フック）**= bridge**（ブリッジ）　サビ

99.

In order to smoothly play any fast melody, you need to practice it slowly at first with a metronome.

速いメロディーをスムーズに演奏するには、まずメトロノームを使ってゆっくり練習しないといけませんね。

- **practice with a metronome**（プラクティス　ウィザ　メトロノーム）　メトロノームに合わせて練習する

100.

How can I improve my chops not just in rock, but also in jazz?

ロックだけじゃなく、ジャズでもテクニックが上達する方法を教えてください。

- **chops**（チョップス）　テクニック
  - 解説　楽器演奏のテクニックを表し、俗語的に使われる。

101.

I can't play the kick at the interlude.

間奏のところのキメのフレーズがどうもできません。

The ensemble isn't very good there.

バンドの演奏が崩れています。

- **kick**（キック）　キメ
  - 解説　楽譜に忠実にアンサンブル全体で合わせて演奏する部分やフレーズ。

- **interlude**(インタルードゥ) 間奏
- **ensemble**(アンサーンブル) 合奏、バンドの演奏

102.

The next thing you need to work on is to make a seamless transition to the next bar.

次にあなたに必要なのは、あとに続く小節へのつなぎ目のない移動の練習です。

- **seamless transition**(スィームレス　トゥランズィション) 演奏フレーズなどのつなぎ目のない移動
- **bar**(バー) 小節

103.

Work on moving from the preceding bar into the phrase.

前の小節からそのフレーズに入る移動練習をしてください。

- **preceding bar**(プリシーディング　バー) 前の小節

104.

Practice it until it sounds smooth all the way through.

最初から最後までスムーズに弾けるように練習してください。

- **all the way through**(オール　ダ　ウェイ　スルー) 最初から最後まで

105.

I copy phrases of my favorite player, but I can't seem to play it in the same speed as he is playing.
好きな演奏家のフレーズを聴き取ってまねるのですが、同じ速さで弾けません。

- copy(カピー) フレーズを聴き取ってまねる
- play ... in the same speed as ...(プレィ ... イン ダ セイム スピードゥ アズ ...) … と同じ速さで … を演奏する

106.

Basically, practicing scales is very important.
基本的に音階練習はとても大事です。

- practice scales(プラクティス スケイルズ) 音階練習をする

107.

It's important to incorporate classical literature into your practice to acquire a broad technique.
幅広い演奏技術を身につけるには、練習の中にクラシック音楽を取り入れることが重要だよ。

- classical literature(クラシカル リテラチュール) クラシックの楽曲
- technique(テクニーク) 演奏技術

108.

It's kinda (= kind of) hard to solo over this chord progression.
このコード進行でアドリブソロ をやるのは、ちょっと難しいです。

- **solo**（ソロ）= **improvise**（インプロヴァイス）　アドリブをする
  - 解説　コード進行に沿った即興演奏、または即興演奏をすること。
- **chord progression**（コードゥ　プログレッション）　コード進行

109.

Isn't it possible to play it only using the pentatonic scale?
それをペンタトニックスケールだけで演奏するのは無理ですか？

- **pentatonic scale**（ペンタトニック　スケイル）　ペンタトニックスケール
  - 解説　5音階のこと。5つの音で構成される音階で、民謡からロック、ポップスまで幅広く使用される。

110.

Since it modulates every bar, you should base your solo by using arpeggios.
そこは転調が1小節ごとにあるから、コード分解音を使ってアドリブソロをやるべきですね。

- **modulate**（モデュレイトゥ）　転調する
- **every bar**（エヴリ　バー）　1小節ごとに
- **base one's solo by ...**（ベイス　ワンズ　ソロ　バイ　...）　…を使用してアドリブソロをする

- [ ] **arpeggio**（アルペイジオ）　コード分解
  解説 コードの構成音を分散させたもの。即興演奏する場合にコードトーンと同意味としても使用される。

111.

Let's start by playing the chord tones of the diatonic chord progression and memorizing them at the same time.

まずダイアトニック・コード進行のコード構成音を演奏しながら、覚えていってみましょう。

- [ ] **chord tones**（コードゥ　トウンズ）　コード構成音
- [ ] **diatonic chord progression**（ダイアトニック　コードゥ　プログレッション）　ダイアトニック・コード進行
  解説 長音階や短音階のそれぞれの音上に作られる和音（コード）のこと。ダイアトニック・コード進行とはそれに沿ったコード進行のこと。あるキーのコード進行の基本となるもの。

112.

Play the root, 3rd, 5th, then back to 3rd.

（コードの）ルート、3度、5度、そして3度に戻る順序で演奏してみてください。

- [ ] **root**（ルートゥ）　ルート
  解説 和音（コード）を構成する基となる音。
- [ ] **3rd, 5th**（サードゥ、フィフス）　コードの3度、5度の音

113.

I was surprised at your sight-reading skills.
あなたの初見の強さにびっくりしました。

- **sight-read**（サイトゥ リードゥ） 初見演奏をする

114.

To improve sight-reading skills, simply read any music that you have at hand.
初見を上達させるためには、身の回りにある楽譜を読むだけでもいいんだよ。

- **music**（ミューズィック） 楽譜

115.

It is recommended to play a couple of exercises as a warm up before playing any music.
どのような音楽を弾く前にもウォーミングアップのため、2～3つほどのエクササイズを弾くといいですよ。

- **exercise**（エクササイズ） エクササイズ
  - 解説 技術向上目的の練習パターンなど。
- **warm up**（ウォームアップ） ウォーミングアップ

116.

If you reconsider your fingering, you may be able to play it more smoothly.
指使いをもう一度考慮したら、もっとスムーズに弾けるようになると思いますよ。

- fingering（フィンガリング） 運指

117.

You have to actually try these phrases during a jam session.
これらのフレーズは、実際にセッションで試してみないといけませんね。

- jam session（ジャム セッション） セッション

118.

How's your piece going?
曲の仕上がり具合はどうですか？

バッキング(伴奏)に関する表現

119.

When I comp in the jazz idiom, what are some of the things that I should watch out for?

ジャズの伴奏で、気をつけないといけないことは何ですか?

- **comp**(コンプ) 伴奏する
  - 解説 伴奏(名詞)は accompaniment (comp) または backing 。

120.

I suggest considering the key of the song first.

まず最初に、曲の調性を考えてみたら?

- **key**(キー) 調性
- **song**(ソング) 曲
  - 解説 "歌" 以外にも曲としての意味でも使用される。

121.

Don't clutter it. Sometimes less is better.

いろいろな音を混ぜないように。少なめがいい場合もあります。

- **clutter**(クラター) 音を多く混合する

122.

What kinds of chords should I use in jazz?
ジャズではどんなコードを使うといいのでしょうか？

123.

Unlike rock, country or simple blues where most of the chords are triad oriented, you can use more tension chords in jazz.
トライアド中心のロック、カントリーやベーシックなブルースと違い、ジャズではテンションコードがもっと使えます。

- triad（トライヤードゥ）　トライアド、三和音
  - 解説　コードの基本形。ルート、３度、５度の音で構成される。
- tension chord（テンション　コードゥ）　テンションコード
  - 解説　テンションノートの使用によりトライアドより緊張感のあるコード。

124.

What kinds of chords should I use behind a soloist?
ソロイストのバッキング（伴奏）では、どのようなコードを使えばいいですか？

I'd leave out the tensions.
テンションの使用は避けるでしょうね。

- soloist（ソウロウイストゥ）　ソロイスト
  - 解説　ソロイスト：アドリブソロをとっている奏者を意味する場合が多い。
- tension（テンション）　テンション

解説 ルートから9度や13度などにあたる音。コードに緊張感のある効果を与える。

125.

The soloist may want to sharpen or flatten with the notes of the chord structure.

ソロイストは、コードの構成音をシャープやフラットにするかもしれないね。

- **sharpen**（シャーペン） 音を半音上げる、シャープする
- **flatten**（フラテン） 音を半音さげる、フラットする
- **notes of the chord structure**（ノウツ オヴ ダ コードゥ ストラクチャー） コードの構成音

126.

If you play a natural tension while he plays a sharpened or flattened tension, you would clash with him.

もしあなたがナチュラルテンションを使用し、相手がテンションノートのシャープかフラットを使った場合は、音同士がぶつかってしまうでしょうね。

- **natural tension**（ナチュラル テンション） ナチュラルテンション
  解説 ナチュラルテンション：コードスケール上で変化していない音をテンションとして使用した場合の名称 ⇔ altered tension 。
- **clash**（クラッシュ） 音同士がぶつかり不協和音が発生する

127.

I can't seem to get a good comping feel for this song. Have any tips?
この曲でうまく伴奏の要領がつかめません。コツとかありますか？

- tips（ティップス） コツ

128.

I would suggest listening to many good musicians and get ideas from them.
多くの優秀なミュージシャンを聴いて、参考にするといいですよ。

129.

Listen to the timing of the placements of the chords. Also, pay attention to the voicing of each chord.
どんなタイミングでコードを入れているか聴いてみて、またそれぞれどんなボイシングをしているかに注目してみましょう。

- timing of the placements of ...（タイミン オヴ ダ プレイスメンツ オヴ ...） コード、フレーズなど…を入れるタイミング
- voicing（ヴォイスィン） ヴォイシング
  - 解説 コード構成音の組み合わせ。バリエーションを変えることで響きに変化がでる。

130.

If you could also figure out how they use voice leading, it would be great.

コード同士のつなぎのテクニックまで理解できれば言うことはないですね。

- **voice leading**（**ヴォイス　リーディン**）　ヴォイスリーディング

  解説 コードが流れていく際に、各コードの構成音同士がスムーズに響き、連結していくための方法論。

リズムに関する表現

131.

Practice with simple rhythms, say even 8th notes.
シンプルなリズムで練習してみてください。例えば、均等な8分音符で。

- **8th note**（エイス ノウトゥ） 8分音符

132.

When I was recording at my home studio, I was shocked to discover how bad my time keeping was.
ホームスタジオで録音をしていたら、自分のリズムキープの悪さにショックを受けました。

- **record**（リコードゥ） 録音する
- **time keeping**（タイム キーピン） リズムキープ
  - 解説 ポピュラー音楽の演奏において非常に重要な要素。

133.

I can't seem to get the rhythm right.
どうもうまくリズムがとれません。

- **get the rhythm right**（ゲッタ リズム ライトゥ） リズムをしっかり把握する

134.

Can you play along with me?
いっしょに演奏してもらえますか。

☐ **play along with ...**（プレイ　アロン　ウイズ ...）　…といっしょに演奏する

135.

I do a lot of rhythm training.
リズム練習はけっこうやっています。

☐ **rhythm training**（リズム　トゥレイニン）　リズム練習

136.

Practicing using a metronome is like playing to a click track.
メトロノームを使っての練習は、クリック音に合わせて演奏しているのと同じですよ。

☐ **playing to a click track**（プレイイン　トゥ　ア　クリック　トゥラック）　クリック音に合わせて演奏する
　解説 クリック音とはスタジオ録音などでリズムキープのためにカチカチ鳴る音。

137.

The more you practice with a metronome, the better your time keeping will be.
メトロノームを使って練習すればするほど、リズムキープはよくなりますよ。

138.

Don't forget to use the metronome when you practice, and get the down beats in line.
練習するときは、メトロノームを使ってダウンビートを合わせましょう。

- □ **get the down beats in line**（ゲッタ　ダウン　ビーツ　イン　ライン）　ダウンビートを合わせる
  - 解説 ダウンビートとは、リズムの最初の拍のことで、通常拍子の1拍目があたる。

139.

Take it slowly with a metronome at quarter note 80 bpm.
ゆっくりと、テンポは4分音符でメトロノーム80に合わせてやってみてください。

- □ **take it slowly**（テイキットゥ　スロウリー）　ゆっくりと演奏してみる
- □ **quarter note**（クオーター　ノウトゥ）　4分音符
- □ **... bpm.**（...　ビーピーエム）　メトロノーム速度が … の意

140.

That's four beats to a bar.
1小節に4拍ですね。

- □ ... beats to a bar（... ビーツ トゥ ア バー）　1小節内 … 拍

141.

His sense of rhythm is so amazing!
彼のリズム感はものすごいよ。

His polyrhythm is precise.
ポリリズムもしっかり決めていますね。

- □ sense of rhythm（センソヴ リズム）　リズム感
- □ polyrhythm（ポリリズム）　ポリリズム
  　解説　対照的なリズムが同時に使用されること。複雑なリズム現象であり、演奏するには高度なリズム感覚が要求される。

142.

What can you say about the groove?
グルーブに関しては、何かありますか？

- □ groove（グルーヴ）　リズムの"ノリ"

143.

How can I develop my groove?
グルーブを上達させるにはどうしたらいいですか？

144.

Groove has a lot to do with accents.
グルーブには、アクセントが大いに関係しています。

145.

To get a nice groove in general, it would help to imagine that you are drawing continuous circles.
基本的にいいグルーブを身につけるには、連続した円を描いていることを想像してみてごらん。

Then you can probably play with a better groove.
それで、さらにいいグルーブを出すことが多分できるよ。

- **play with a ... groove**（プレイ　ウィダ　...　グルーヴ）… なグルーブを出す、… なグルーブで演奏する

146.

Try accenting the 1st and 3rd beats, and you will notice a big difference.
1拍目と3拍目にアクセントをつけてごらん。大きな違いがわかりますよ。

- **accent**（**アクセントゥ**） アクセントをつけて演奏する
- **1st and 3rd beats**（**ファーストゥ エンドゥ サードゥ ビーツ**） 1拍目と3拍目

147.

Play with a swing feel, accenting the second and fourth beats.
スイング風に、2拍目と4拍目にアクセントを入れて演奏してください。

- **with a ... feel**（**ウィザ ... フィール**） …風に
- **swing**（**スウィング**） スウィングリズム
  - 解説 典型的なジャズのリズム。4分音符をもとにするリズム（4ビート）。
- **second and fourth beats**（**セコンドゥ エンドゥ フォース ビーツ**） 2拍目と4拍目

148.

I've been playing rock music with straight 8ths.
私はずっと8ビートロックを演奏してきました。

- **straight 8ths**（**ストレイトゥ エイス**） 8ビート
  - 解説 8分音符をもとにするリズムビート。ロックやポップス、演歌など多様なジャンルで用いられる。

149.

When it comes to slow 16th note feels, I can't seem to tackle it.

ゆっくりした感じの 16 ビートになると、どうもしっくりできません。

───────────────────────────────────────

- **16th note feels**（スィクスティーンス　ノウトゥ　フィールズ）　16 ビート
  - 解説 16 分音符をもとにするリズムビート。ファンクや軽いポップなイメージのリズム。

150.

You sound stiff. Relax and try to feel the beat .

リズムが固いですね。リラックスしてビートにのってごらん。

───────────────────────────────────────

- **sound stiff**（サウンドゥ　スティッフ）　リズムが固い
- **feel the beat**（フィール　ダ　ビートゥ）　ビートにのる、ビートを感じる

151.

My timing improved ever since I learned to relax before recordings.

レコーディングの前にリラックスすることを覚えたので、リズム感はよくなりました。

───────────────────────────────────────

- **timing**（タイミング）　リズム感

152.

Try playing the 16th notes with a little bounce.
16分音符を少し"跳ね"のリズム感覚を入れて演奏してみて。

....

☐ **with bounce**（ウィズ　バウンス）"跳ね"のリズム感覚で

153.

This is the shuffle funk feel.
これがシャッフル・ファンク（ジャズファンク、スイングファンク）風ですよ。

....

☐ **shuffle funk feel**（**シャッフル　ファンク　フィール**）シャッフル・ファンク風

　解説 シャッフル・ファンクとは jazz funk、swing funk とも呼ばれる。跳ねる感じで演奏する16ビートのリズム。

154.

I can't seem to groove to this shuffle funk very well.
このシャッフル・ファンクのグルーブがうまくできないみたいです。

155.

Shuffle grooves are harder to play because they are triplet oriented.
シャッフル・グルーブは3連符中心なので難しいですね。

....

☐ **triplet**（トゥリプレットゥ）3音符

156.

If you play a strict triplet you will sound stiff, but if you loosen it a bit, then you will have a more relaxed feel.

きっちり３連符を演奏すると硬く聴こえるから、ちょっとリズムを緩めてみてください。そうすれば、もっとリラックス感が出ますよ。

- ☐ **sound stiff**（サウンドゥ　スティッフ）　音が硬い感じ
- ☐ **play a strict ...**（プレイ　ア　ストゥリクトゥ　...）　きっちりと〜を演奏する
- ☐ **loosen**（ルーゼン）　リズムを緩める
- ☐ **have a relaxed feel**（ハーヴァ　リラックスドゥ　フィール）　演奏にリラックス感が出る

157.

Bounce is an important element in groove, and this isn't as easy.

バウンスは大切なグルーブの要素だよ。けっこう難しいんだ。

158.

I'm starting to get the feel for it!

演奏の感覚が、徐々にそれっぽくなってきました！

159.

Every time I play it, I don't sync in with the drummer.
それを演奏すると、いつもドラムとずれてしまいます。

....

- [ ] **sync in with ...**（スィンキン ウィズ）　演奏を〜にきっちりと合わせる

160.

The samba groove is similar to the way of Brazilians swing when they play the pandeiro.
サンバリズムの"ノリ"は、ブラジル人がパンデーロを演奏するときにスイングする雰囲気によく似ています。

....

- [ ] **pandeiro**（パンデイロ）　パンデーロ
  解説 ラテンパーカッションに属するタンバリン。

161.

In order to sound authentic samba as possible, you should listen to Brazilian music.
本物のサンバに近づくには、ブラジル音楽を聴くべきです。

162.

Their interlocking parts of the rhythm section are amazingly precise!
彼らのリズムセクションそれぞれの絡み具合は、ものすごく正確だよ!

□ **interlocking parts**(インターロッキン パーツ) リズムなどの絡み部分

163.

I like the stressed upbeat of reggae music.
レゲエの裏拍が強調されたリズムはいいですね。

□ **stressed upbeat**(ストレッスドゥ アップビートゥ) 拍の裏にアクセントがあるリズム

164.

I like the accented guitar or piano rhythms on the offbeat and jazz-like horn riffs.
オフビートが強調されたギターやピアノのリズム、あとジャズ風のホーンのリフが好きです。

□ **accented rhythm on the offbeat**(アクセンテッドゥ リズム オンディ オフビートゥ) オフビートが強調されたリズム
□ **-like**(ーライク) 〜風の
□ **horn**(ホーン) ホーン
　解説 トランペット、トロンボーン、サックスなどの総称。
□ **riff**(リフ) リフ
　解説 ポピュラー音楽で頻繁に用いられる繰り返される音型・旋律。

165.

I love rock'n roll very much. I love its heavy boogie rhythm and strong back beat.

ロックンロールは大好きです。あの重いブギのリズムや強いバックビートはたまらないですね。

- **boogie**（ブーギー） ブギ
  - 解説 速めのノリのいいリズム＆ブルースなどを指す。
- **back beat**（バック ビートゥ） バックビート
  - 解説 4拍子の2拍目と4拍目にアクセントを置くビート感覚。ポピュラー音楽の多くがこのスタイルで演奏される。

演奏現場における表現

166.

I jammed with my pianist friend yesterday.

昨日、ピアニストの友人とジャムセッションしました。

□ **jam**（ジャム）ジャムセッションをする
　解説 ミュージシャンが集まり、その場で即興的に演奏すること。

167.

When I jam with my friends, after my two-bar count-in, it takes about 2 or more bars for the rhythm to settle and for the song to feel natural.

友だちとセッションするとき、2小節のカウント・インのあとリズムが落ち着いて曲が自然に聴こえるまで、2小節以上かかってしまいます。

168.

I play the guitar, mostly jazz. Can I join you at your jam session tonight?

私はギターでジャズをメインにやっているのですが、今夜のセッションに参加してもいいですか？

169.

I don't remember fast melodies, like bebop. I have no problems playing solo, though.
速いビ・バップなどはメロディーを覚えていませんが、アドリブソロは大丈夫です。

- **bebop**（ビーボップ）　ビ・バップ
  - 解説　ジャズのジャンルの一種。1940年代のチャーリー・パーカーに代表される即興演奏主体のジャズ。

170.

You'll need to play the intros and endings.
イントロやエンディングはできる必要がありますよ。

171.

After I play the melody, I'll get into my solo.
僕がメロディーを演奏したら、そのままアドリブソロに入ります。

172.

We'll trade fours. After this comes the drum solo.
フォーバースをしてから、ドラム・ソロになりますよ。

- **trade fours**（トレイド　フォース）　フォーバースをする
  - 解説　4小節ごとに各演奏者がソロの掛け合いをおこなう。ジャズにおける定番の演奏スタイル。

173.

Can I play the last melody unison with you?
最後のメロディーは、あなたとユニゾンでやってもいいですか？

174.

Why don't you play unison the second time around?
２回目のメロディーからユニゾンで入ってきませんか？

- **second time around**（セコン　タイマラウンドゥ）　リピートして戻った２回目の繰り返し

175.

I want you to play the counter line.
対旋律（オブリガート）をやってください。

- **counter line**（カウンタライン）　対旋律、オブリガート
  - 解説 主旋律を引き立てるように補助的に流れる別の旋律のこと。

176.

I will be watching out for feedbacks.
ハウリングに気をつけますね。

- **feedbacks**（フィードゥバックス）　ハウリング

177.

Don't you think there should be a little more thickness in sound?
もうちょっと音の厚さがあってもいいと思いませんか？

178.

Will the key in A be okay with you?
キーはAで大丈夫ですか？

179.

Plug your guitar in that amp and check your sound.
あそこにあるアンプにつないで音をチェックしてごらん。

180.

You can set up your stuff here.
ここに（あなたの楽器機材を）セットアップしていいよ。

181.

Can you turn up your sound?
君の音量を上げてくれる？

録音スタジオにおける表現

182.

You should start DTM because a keyboard has a very stable interface as opposed to MIDI guitar or MIDI bass.

DTMを始めるべきですよ。キーボードは、MIDIギターやMIDIベースと異なってとても安定したインターフェースを持っていますからね。

- **DTM（ディーティーエム）** デスクトップミュージック
  解説 パソコンとMIDIを使用した電子音楽制作。
- **interface（インタフェース）** インターフェース
  解説 DTMの場合、ギターやキーボードのアナログ信号をデジタル信号に変換する機器。

183.

I want to overdub a bass part using a special effect that I've programmed.

事前にプログラムしておいたエフェクトを使ってベースのオーバーダブをしたいです。

- **overdub（オーヴァーダブ）** オーバーダブする
  解説 オーバーダビング。パートごとに別々に重ねて録音していくこと。

184.

I'll put in scratches in between vocal lines. Is that okay?
ボーカルの合間にスクラッチ入れるけど、大丈夫かな？

- **scratch**（スクラッチ）　スクラッチ
  - **解説** ターンテーブルを手動で回したときに発生するレコードと針の擦れる音。効果的に曲のリズムに合わせて演奏される。
- **vocal lines**（ヴォーカル　ラインズ）　ボーカルの合間

185.

What is the tuning of the piano in this studio?
このスタジオのピアノのチューニングは何ですか？

186.

Will you be using an amp or a DI box?
アンプか DI ボックス、どちらを使いますか？

187.

You need to sing closer to the mic for me to get a better level.
よりいいマイクレベルがほしいので、もっとマイクを近づけて歌ってもらう必要があります。

Otherwise, the drums are leaking into your mike.
そうしないとドラムの音がマイクに入り込みます。

188.

I wanna (= want to) do a sound check. Can you play the bass drum for me?

サウンドチェックをしたいので、バスドラムの音を出してみてください。

189.

You have a nice booth here.

ここは部屋（スタジオ）鳴りがいいですね。

190.

Can you turn up the mic under the snare drum?

スネアの下のマイクの音量を上げてもらえますか？

I want to hear more of the snare buzz.

もっとスネアドラムのビリビリ音がほしいです。

- **buzz**（バズ）　楽器のビリビリする音

191.

I want to combine a microphone and a direct sound to get a cleaner and a deeper low end sound.
もっとクリーンで深みのある低音を作るために、マイクで拾った音とラインの音を組み合わせたいと思います。

- **direct sound**（ダイレクトゥ　サウンズ）ラインからの直音
- **low end sound**（ロウ　エンドゥ　サウンドゥ）低音

192.

Let me switch on the bass roll-off on your mic to cut off the low end.
低音をカットするので、マイクのベースカットスイッチを入れましょう。

- **bass roll-off**（ベース　ロウロフ）ベースカット機能

193.

It sounds too boomy.
音が響きすぎています。

194.

Give me a sec to patch the outboard gears to the mixer.
エフェクターをミキサーにつなぎますから、ちょっと時間をください。

- **outboard gears**（アウトゥボードゥ　ギアーズ）エフェクター

195.

The guitar sound should be with a hard compression.
ギターの音は、強めにコンプレッサーがかかるべきですね。

- **with a hard compression**（ウィザ ハードゥ コンプレッション） 強めのコンプレッサーで

196.

You need to watch out for your sibilance.
シビランスに気をつけてください。

- **sibilance**（スィビランス） シビランス
  解説 ボーカリストがサ行の発声時に出す、歯と空気の歯擦音。マイクで拾ったときに雑音として目立つケースが多い。

197.

I'm trying not to make hissing sounds.
シビランスが出ないように努力しているんです。

- **hissing sounds**（ヒッスィング サウンズ） シビランス＝ sibilance

198.

We can hear too many popping sounds.
ポップノイズが多すぎますね。

- **popping sound**（ポッピング　サウンド）　ポップノイズ
  - **解説** 録音時にマイクに直接息がかかって発生するノイズ。

199.

Let me move the music stand further away from the mic.
ミュージックスタンドをマイクからもっと離しましょう。

It looks like we're getting reflections.
どうやら音が反響しているみたいです。

- **reflection**（リフレクション）　音の反響

200.

I'll add some reverb in your cans.
ヘッドホンに少しリバーブを返しましょう。

- **cans**（キャンズ）**= headphones**（ヘッドゥフォーンズ）　ヘッドホン

【コラム】
アメリカって本気でポピュラー音楽を"教育"しているってホント！？

上田 浩司

　少し堅い話になりますが、世界中でポピュラー音楽を"研究"する人は、どのくらいいると思いますか？　それは専門家の私にもわかりません（笑）。なぜなら、アメリカ国内だけでも、ポピュラー音楽を学べる教育機関が、ものすごく存在するからです。音大や芸大だけではなく、多くの総合大学（公立・私立）で、音楽専門課程を数多く設置しています。それは世界的に例を見ないほどの数です。驚くことに、ポピュラー・ジャズの専門課程とクラシックの専門課程がほぼ同数なのです。この事実が、アメリカにおけるポピュラー音楽の重要性を物語っていますし、「学問」として確立してきた歴史を感じさせます。もちろん、「学問」としてポピュラー音楽を扱うわけですから、アメリカには厳しい教育や研究基盤が確立されています。その共通の教育基準に則って教育機関が設置されているわけです。

　アメリカで誕生したポピュラー音楽のアメリカでの"存在"や"立ち位置"を、より一層理解していただけたでしょうか？　4年制大学でこれだけ充実しているポピュラー音楽ですから、もちろん、ポピュラー音楽の博士課程も充実しています。最先端の演奏から作曲、教育、歴史にいたるまで、さまざまな理論の研究がおこなわれているのです。

　音楽家だったら、そのような理論を入手しより表現を広げたいと思うことは必然だと思いますし、それが現在は可能です。私たちにはインターネットという強い味方がいるからです。

　現在、世界中の人があらゆる情報を手に入れるツールとして多用している

のが、インターネットです。ポピュラー音楽に関する最先端の情報を知りたいと思ったら、パソコンやスマートフォンでサクッと簡単に検索しています。そのとき、みなさんは、こんな経験をしたことがありませんか？

「見たいサイトなのに……英語でわからない……」

　最近はブラウザに翻訳機能がついていたり、無料の翻訳ソフトを使用している人もいるでしょう。それで満足のいく情報が手に入るのであれば、使用価値はありますが、自分の知りたいところに限って「理解不能な日本語」になっていたりするものです。また、このWWWの世界で、英語で書かれたサイトと日本語で書かれたサイト、比べなくてもその数の違いは想像に難しくはないですよね。試しに「ポピュラー音楽」と「popular music」の検索結果数を見てみると、英語の重要性に納得されることと思います。

　インターネット・サイトだけではありません。ポピュラー音楽の書籍は、海外、特にアメリカを中心に出版されていますので、当然、英語です。残念ながら、日本語に訳されている書籍はほんの一部です。趣味レベルの入門書から演奏テキスト、難解な理論書まで、その多くが英語の原書なのです。そして、それらの書籍の著者（音楽家や研究者）は、個人のWEBサイトに演奏法や理論解釈を公開しているのです（海外のホームページが圧倒的に多い）。英語が支障となって理解できないのは、本当にもったいないことですね。

Part 3

ポピュラー音楽の楽器・スコア・用語

Popular Music Instruments, Scores and Terms

外国の音楽出版物は、知識の宝庫です。日本語に翻訳されていない音楽に関する出版物には、みなさんの刺激となる本当にたくさんの知識や情報で満ちあふれています。このような海外の出版物を読み解くには、英語でのスコアや楽器に関する用語を知らなくては、なかなかスムーズにはいかないですよね。いろんな音楽の新しい情報を取り入れて、音楽表現の幅をもっと広げてみませんか？

1. Instruments
楽器

♪ Instrument Name（インストゥルメント　ネイム）楽器名

vocal（ヴォウカル）ボーカル

guitar（ギターア）ギター

piano（ピアノ）/ keyboard（キーボードゥ）ピアノ／キーボード

bass（ベイス）ベース
　　＊ポップスでは主にエレキベースのことを指す

acoustic bass（アクースティック　ベイス）アコースティック・ベース
　　＊ほかに以下のような呼び名もある
　　　　contrabass（コントゥラベイス）コントラバス
　　　　double bass（ダブル　ベイス）ダブルベース
　　　　upright bass（アップライトゥ　ベイス）アップライトベース
　　＊「ウッドベース」は和製英語なのでご注意を！

drums（ドゥラムズ）ドラムズ

alto saxophone（アルトゥ　サックソフォーン）アルト・サクソフォン
　　＊ alto sax（アルトゥ　サックス）アルトサックスとも呼ばれる

tenor saxophone（テヌール　サックソフォーン）テノール・サクソフォン
　　＊ tenor sax（テヌール　サックス）テノールサックスとも呼ばれる

baritone saxophone（バリトウン　サックソフォーン）バリトン・サクソフォン
　　＊ baritone sax（バリトウン　サックス）バリトンサックスとも呼ばれる

trumpet（トゥランペットゥ）トランペット

trombone（トゥロンボーン）トロンボーン

bass trombone（ベイス　トゥロンボーン）ベース・トロンボーン

transposing instruments（トランスポージング インストゥルメンツ）移調楽器

- alto sax　アルト・サックス
- tenor sax　テナー・サックス
- baritone sax　バリトン・サックス
- upright bass　アップライト・ベース
- guitar　ギター

♪ Instrumentation（インストゥルメンテーション）楽器編成

band　バンド
一般的なバンド

- vocal　ボーカル
- guitar　ギター
- bass　ベース
- piano / keyboard　ピアノ／キーボード
- drums　ドラムズ

duo　デュオ
common duos　一般的なデュオ

- vocal　ボーカル
- guitar　ギター

- vocal　ボーカル
- piano　ピアノ

- guitar　ギター
- bass　ベース

- piano　ピアノ
- bass　ベース

trio　トリオ
common trios　一般的なトリオ

guitar trio　ギタートリオ	guitar, bass & drums　ギター・ベース・ドラムズ
piano trio　ピアノトリオ	piano, bass & drums　ピアノ・ベース・ドラムズ

2. Staff
五線

♪ Staff（スタッフ）五線
＊複数は staves（ステイブズ）

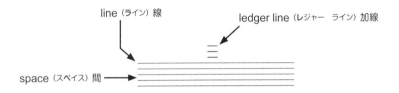

♪ Grand Staff / Great Staff
（グランド スタッフ / グレート スタッフ）大譜表

♪ Tablature（タブラチャー）タブ譜

♪ Lead Sheet （リードシート）リードシート

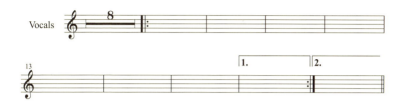

♪ Ensemble Stave （アンサーンブル ステイブ）アンサンブル五線

♪ Band Score （バンド　スコア）バンド譜

● memo

　最近では手書き風のフォントが用いられます（スコア譜・パート譜ともに）。こうすることによって、演奏者がリラックスしてプレーできるという効果があると言われています。

♪ **Big Band Score** (ビッグ　バンド　スコア) ビッグバンド総譜

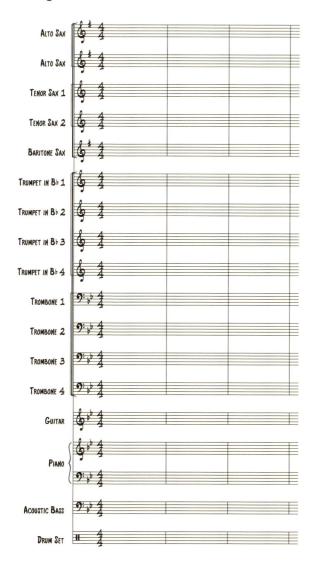

3. Bar
小節

♪ Bar（バー）小節

measure number
(メジャー ナンバー) 小節番号

bar / measure (バー / メジャー) 小節

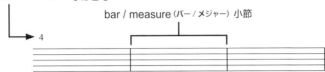

♪ Bar Line（バーライン）小節線

normal bar line
(ノーマル バーライン) 縦線

double bar line
(ダブル バーライン) 複縦線

final bar line
(ファイナル バーライン) 終止線

solid bar line
(ソリッド バーライン) 実線

dashed bar line
(ダッシュド バーライン) 破線

invisible bar line
(インビジブル バーライン) 透明線

tick (ティック)

4. Clef
音部記号

G clef / treble clef
(ジー クレフ / トレブル クレフ)
ト音記号

middle C (ミドル シー) 中央のド

F clef / bass clef
(エフ クレフ / ベイス クレフ)
ヘ音記号

middle C

C clef (シー クレフ)
ハ音記号

＊記号の位置によって alto clef と tenor clef に区別する。

alto clef (アルト クレフ)
アルト記号

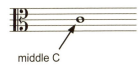

middle C

tenor clef (テノール クレフ)
テノール記号

middle C

neutral clef (ニュートラル クレフ)
ニュートラル記号

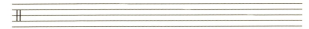

5. Note
音符

♪ **Note** (ノウトゥ) 音符

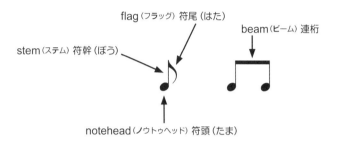

stem (ステム) 符幹 (ぼう)
flag (フラッグ) 符尾 (はた)
beam (ビーム) 連桁
notehead (ノウトゥヘッド) 符頭 (たま)

♪ **Notehead** (ノウトゥヘッド) 符頭

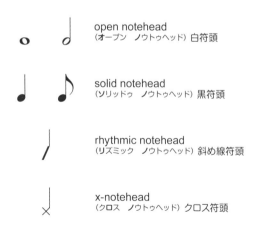

open notehead
(オープン ノウトゥヘッド) 白符頭

solid notehead
(ソリッドゥ ノウトゥヘッド) 黒符頭

rhythmic notehead
(リズミック ノウトゥヘッド) 斜め線符頭

x-notehead
(クロス ノウトゥヘッド) クロス符頭

6. Rest
休符

whole rest
(ホール レストゥ) 全休符

half rest
(ハーフ レストゥ) 2分休符

quarter rest
(クォーター レストゥ) 4分休符

eighth rest
(エイス レストゥ) 8分休符

sixteenth rest
(シックスティーンス レストゥ) 16分休符

thirty-second rest
(サーティー セコンド レストゥ) 32分休符

sixty-fourth rest
(シックスティー フォース レストゥ) 64分休符

hundred twenty-eighth rest
(ハンドゥレットゥエンティーエイス レストゥ) 128分休符

dotted rest
(ダッテドゥ レストゥ) 付点休符

multiple measure rest
(マルティプル メジャー レストゥ) 1小節以上の休止

grand pause (グランドゥ ポーズ)
/ general pause (ジェネラル ポーズ) 全員休止

7. Meter
拍子

♪ Simple Time Signature (スィンプル タイム スィグニチャー) 単純拍子

- **2/4** two / four (トゥー フォー) 2/4 拍子
- **3/4** three / four (スッリー フォー) 3/4 拍子
- **4/4** four / four (フォー フォー) 4/4 拍子
- **C** common time (コモン タイム) 4/4 拍子
- **2/2** two / two (トゥー トゥー) 2/2 拍子
- **¢** Alla Breve (アラ ブレーベ) 4/4 拍子

♪ Compound Time Signature
(コンパウンタイム スィグニチャー) 複合拍子

- **6/8** six / eight (スィックス エイトゥ) 6/8 拍子
- **9/8** nine / eight (ナイン エイトゥ) 9/8 拍子
- **12/8** twelve / eight (トゥエルヴ エイトゥ) 126/8 拍子

♪ Complex Time Signature
(コンプレックス タイム スィグニチャー) 混合拍子

- **5/4** five / four (ファイヴ フォー) 5/4 拍子
- **7/4** seven / four (セヴン フォー) 7/4 拍子
- **11/4** eleven / four (イレヴン フォー) 11/4 拍子
- **5/8** five / eight (ファイヴ エイトゥ) 5/8 拍子
- **7/8** seven / eight (セヴン エイトゥ) 7/8 拍子
- **11/8** eleven / eight (イレヴン エイトゥ) 11/8 拍子

♪ Strong and Weak Beats
（ストゥロング　エンドゥ　ゥイーク　ビーツ）強拍と弱拍

pickup measure（ピックアップ　メジャー）
最初の小節の前に現れる音
よく Auftakt（アウフタクト）と呼ばれる

downbeat（ダウンビートゥ）
拍内でのオモテ

upbeat（アップビートゥ）
拍内でのウラ

backbeat（バックビートゥ）
/afterbeat（アフタービートゥ）
だいたい4／4で見られる。2拍目と4拍目のことを指す

syncopated（シンコペーテッドゥ）
拍内の強弱をずらしてリズムを取ること

non syncopated（ノン　シンコペーテッドゥ）
シンコペーテッドされていないこと

8. Tempo
テンポ

♪ Tempo Marks (テンポ マークス) 速度記号

遅い　Very Slow (ベリー スロー)

　　　Grave (グラヴェ)

　　　Lento (レント)

　　　Largo (ラルゴ)

　　　Slow (スロー)

　　　Adagio (アダジオ)

　　　Moderate Slow (モデレート スロー)

　　　Andante (アンダンテ)

中くらい　Medium (ミディアム)

　　　Moderato (モデラート)

　　　Allegretto (アレグレット)

　　　Medium Fast (ミディアム ファーストゥ)

　　　Allegro (アレグロ)

　　　Fast (ファーストゥ)

　　　Very Fast (ベリー ファーストゥ)

速い　Presto (プレスト)

♪ Tempo Alterations
(テンポ アルテレーションズ) テンポを変化させるとき

I　テンポを徐々に変化させる

速く　accelerando　　　accel.　　　　　　　poco accel.
　　　(アッチェレランド)　(アッチェル)　　　　　　(ポコ アッチェル)

遅く ritardando
（リタルダンド）

rit.
（リット）

poco a poco rit.
（ポコ ア ポコ リット）

rallentando
（ラレンタンド）

rall.
（ラル）

Ⅱ テンポを少し変化させる

速く a little faster
（ア リトゥル ファスター）

遅く a little slower
（ア リトゥル スローワー）

piu mosso
（ピウ モッソ）

meno mosso
（メノ モッソ）

Ⅲ テンポを戻す

tempo I
（テンポ プリモ）

a tempo
（ア テンポ）

Ⅳ これまでのテンポとの関連性を示す

Double Tempo
（ダブル テンポ）

Double time feel
（ダブル タイム フィール）

Half Tempo
（ハーフ テンポ）

Half time feel
（ハーフ タイム フィール）

Ⅴ 自由なテンポ

Free Tempo （フリー テンポ）

Tempo Rubato（テンポ ルバート）

Rubato（ルバート）

Ⅵ 音符や休符の延長記号

𝄐 fermata（フェルマータ）

9. Dynamics
強弱

♪ Dynamic Mark (ダイナミック マーク) 強弱記号

弱い	*ppp*	pianississimo (ピアニッシッシモ)
↑	*pp*	pianissimo (ピアニッシモ)
	p	piano (ピアノ)
	mp	mezzo piano (メゾピアノ)
	mf	mezzo forte (メゾフォルテ)
	f	forte (フォルテ)
↓	*ff*	fortissimo (フォルテッシモ)
強い	*fff*	fortississimo (フォルテッシッシモ)

sf	sforzando (スフォルツァンド)
sfz	sforzato (スフォルツァート)
fz	forzato (フォルツァート)
fp	forte piano (フォルテピアノ)
sfp	sforzando piano (スフォルツァンド ピアノ)
cresc.	crescendo (クレッシェンド)
decresc.	decrescendo (ディクレッシェンド)
dim.	diminuendo (ディミニュエンド)

10. Repeat Sign
反復記号

||: :|| repeat mark（リピートゥ マーク）

|1.   first ending（ファーストゥ エンディング）

|2.   second ending（セコンドゥ エンディング）

D.C.   = Da Capo（ダ カーポ）

D.S.   = Dal Segno（ダル セーニョ）

bis   bis（ビス）

al Fine（アル フィーネ）

al Coda（アル コーダ）

Fine（フィーネ）

D.C. Repeat（ダ カーポ リピートゥ）

D.C. Straight（ダ カーポ ストゥレイトゥ）

D.S. Repeat（ダル セーニョ リピートゥ）

D.S. Straight（ダル セーニョ ストゥレイトゥ）

●●● **堀川真理夫のひとり言**

　クラシックの世界では楽譜が読めるのは当たり前ですが、ポップスの世界では読めない人や初見が苦手な人は大勢います。
　「トラ*」の仕事やレコーディング、ライブもそうですが特にいくつかの現場を掛け持ちしているときは、楽譜が読めて（特に初見で弾けて）助かったことが何度もありました。何と言っても、1つの現場の曲数が20曲以上はあるので暗譜をするのはかなり厳しいです。

---

*「トラ」とは、簡単に言うと代理ミュージシャンのことです。レギュラーのミュージシャンが何らかの理由で仕事ができなくなったときに、代わりとなってくれる人のことを指します。

11. Performance Techniques
演奏技法

♪ Articulation (アーティキュレーション) 奏法記号

slur (スラー)

staccato (スタッカート)

accent (アクセントゥ)

glissando (グリッサンド) = gliss. (グリス)

trill (トリル)

shake (シェイク)

bend (ベンドゥ)

♪ Expressive Text (エクスプレシヴ テクストゥ) 表現指定

dolce (ドルチェ)
espressivo (エスプレッシーボ) = espress. (エスプレス)
agitato (アジタート)
animato (アニマート)

♪ Technique Text (テクニーク テクストゥ) 奏法指定

ottava=8va (オッターヴァ) 1オクターブ上
ottava bassa=8vb (オッターヴァ バッサ) 1オクターブ下

次のセクションでは、いくつかの記号の使い方の例を見ることができます。

♪ **Vocal Lead Sheet**の一例

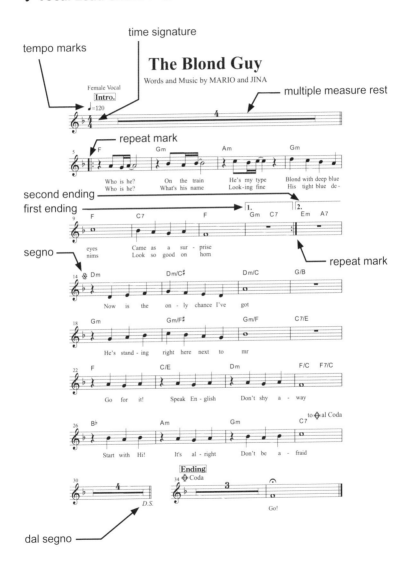

♪ **Band Score** の一例

12. Song Forms
曲の構成

♪ Name of Sections（ネイム オヴ セクションズ）各セクションの名前

intro（イントゥロ）　　　　　　　前奏

verse（ヴァース）　　　　　　　　A メロ
A section（エィ セクシャン）

pre-chorus（プリ コーラス）　　　B メロ
climb（クライム）
lift（リフトゥ）
B section（ビイ セクシャン）

Chorus（コーラス）　　　　　　　サビ /C メロ
hook（フック）
refrain（リフレイン）
C section（スィー セクシャン）

re-intro（リー イントゥロ）　　　イントロに戻る

interlude（インタルードゥ）　　　間奏

instrumental solo　　　　　　　楽器ソロ
（インストゥルメンタル ソロ）

bridge（ブリッジ）　　　　　　　大サビ
middle eight（ミドゥル エイトゥ）　※サビを「C メロ」と呼ぶ場合、大サビは「D メロ」と
D section（ディー セクシャン）　　　も呼ばれる。

outro（アウトゥロ）/coda（コーダ）　後奏

♪ Common Formats （コーモン　フォーマッツ）よく使われる構成

The AAA Form （ディ　エイ　エイ　エイ　フォーム）

　Aメロがだいたい16小節。フォークやカントリーミュージックに多い構成。One-part song form（ワン　パートゥ　ソングフォーム）、one section（ワン　セクション）、the strophic form（ダ　ストロフィック　フォーム）とも言う。これはあくまでも基本的な構成で、ときにはバリエーションとして間奏がどこかに入る場合もある。例えば、A・A・Interlude・A など。

The Verse （ダ　ヴァース）/ Chorus Form （コーラス　フォーム）

　Verseがだいたい8小節。Chorusはだいたい8小節。ポップスやロックに多い構成。これはあくまでも基本的な構成で、ときにはバリエーションとして pre-chorus が chorus の前に入る場合もある。
　例えば、Verse・pre-chorus・chorus など。

The AABA Form （ディ　エイ　エイ　ビー　エイ　フォーム）

　これは特殊な構成であり、A・A・B・A　部分全体が chorus となっている。昔は verse の部分もあったが今では演奏されないほうが多いため chorus だけが演奏される。一般的に各セクションが8小節、合計32小節となる。ここでは A が hook、B が bridge になる。この構成は主にジャズスタンダードで用いられる。
　これはあくまでも基本的な構成で、ときにはバリエーションとして Instrumental solo がどこかに入る場合もある。
　例えば、A・A・B・A・Instrumental solo など。

The AABA Formの別バージョン

The ABAB Form （ディ　エイ　ビー　エイ　ビー　フォーム）
AB 16小節
AB 16小節

The ABAC Form（ディ　エイ　ビー　エイ　シー　**フォーム**）
AB 16 小節
AC 16 小節

Blues（ブルーズ）

　Blues の場合、各セクションは phrase（フ**レ**ーズ）と呼ばれる。各フレーズは一般的に 4 小節、合計 12 小節ある。

A phrase　4 小節
A phrase　4 小節
B phrase　4 小節

13. Common Music Business Terms
音楽業界で使われる用語

英語	日本語
agent（エイジェントゥ）	仕事を紹介してくれる仲介業者。
demo（デモ）	バンドや個人のラフな音資料。
digital distribution（ディジタル ディストゥリビューション）	デジタル音楽配信。
door split（ドア スプリットゥ）	いわゆるチャージ・バック。
dressing room（ドゥレッスィン ルーム）	楽屋。
gig（ギッグ）	主にエンターテインメント業界の仕事を指す。
go the day before（ゴゥ ダデイ ビフォア）	前日入り／前乗り。前日に現地入りすること。
indie labels（インディー レイベルズ）	メジャーではないレーベル／レコード会社。
manager（マネジャー）	アーティスト（個人／バンド）のスケジュール管理をしたり仕事を取ってきてくれる人。 ＊日本語の発音では「マネージャー」ですが、正しくは「マネジャー」。
meet at the lobby（ミートゥ アッダ ロビー）	ロビー集合。
playlist（プレイリストゥ）	ラジオで使う曲を順番に並べたもののリスト。
promo package（プロモ パッケージ）	促進用に使われる CD、プロフィール、写真などが入ったパッケージ。press kit とも呼ばれる。
promoter（プロモーター）	バンドやアーティストを宣伝する会社や人。

publishing (パブリシング)	音楽出版。楽曲の著作権の管理をおこなう事業。
royalties (ロイヤルティーズ)	印税
session musician (セッション ミュージシャン)	いわゆるスタジオ・ミュージシャンとサポート・ミュージシャンのことを指す。
setlist (セットゥリストゥ)	コンサートで演奏される曲を順番に並べたもののリスト。
show (ショウ)	日本語で言う「ライブ」。英語の live はコンサートの意味はなく、単に「生の〜」という意味しかない。
sound engineer (サウンドゥ エンジニア)	音響効果のレベルやバランスを調整したりする人。いわゆる音響さん／ＰＡエンジニア／ミキサー。
tech spec (テック スペック)	いわゆるローディー。現場で使われる楽器などをセッティングする人。
tour manager (トゥアー マネジャー)	ライブ・ツアーでアーティスト（個人／バンド）と同行するマネージャー。
venue (ヴェニュー)	会場。

14. Mario's typical schedule until the day of a show
堀川真理夫のあるライブ本番までの流れ

♪ **The day of the rehearsal**　リハーサル日

Come in at 1:00　13：00入り
Bringing in instruments　楽器搬入
Setting up the instruments　楽器の設置
Sound check　各自の楽器の音の確認
Click check　クリック／ドンカマ／カマ[※1]を確認する
Performance　演奏
Checking the songs　楽曲確認
Have a gig right after this　けつかっちん[※2]
End of rehearsal　リハーサル終了

※1　演奏中にテンポやリズムが狂わないようにするためのメトロノームの役割をするガイド音
※2　次の仕事・予定があるため、現在している仕事が延長できない状況を表す業界用語

♪ **The day of the dress rehearsal**　ゲネプロ日[※3]

Come in at 10:00　10：00入り
Bringing in additional instruments　追加楽器搬入
Sound check　各自の楽器の音の確認
Click check　クリック／ドンカマ／カマを確認する
Checking the outfits　衣装確認
Deciding standing positions　立ち位置決定
Checking the stage lights　ステージ照明確認
Run-through　通しリハーサル
Pointing out areas that need improvement　ダメ出し
Making final changes in the arrangement　アレンジ最終変更

Making final changes in the setlist　セットリスト最終変更

※3　本番の前におこなう本番同様の通しリハーサル日

♪ **The day of the show**　本番当日

Come in at 11:00　11：00 入り
Sound check　各自の楽器の音の確認
Click check　クリック／ドンカマ／カマを確認する
Rehearsal　リハーサル
Doors open　開場
Start of the show　開演
Be on time　定刻で
Be behind schedule　押す
The show　本番
Removal of equipment　撤収

●●● 堀川真理夫のひとり言

　僕にとってステージというところは大小関係なく、特別な場所です。練習や経験、学んできたものが、すべてここで活かされる神聖な場所と言っても過言ではないかもしれません。ジャムセッションで演奏をするとき以外ほとんどの場合、選ばれたものだけが立てるのがステージだと僕は思います。もし十分なパフォーマンスができないのであれば、それが数年後になってしまっても次回チャレンジすればいいと思います。いい演奏ができるには時間がかかります。多くの時間と努力をかけた人だけが立てるのがステージです。練習にかける時間と努力がまだ不十分だと自分で感じるミュージシャンは、自分の納得のいくまで練習をしてからステージに立つと、もっといい演奏ができますよ。

【コラム】
日本のポピュラー音楽界は英語で左右される!?

上田 浩司

　私のコラム「ポピュラー音楽に英語はかかせない!?」でも書きましたが、日本のポピュラー音楽にたずさわる人たちが英語で音楽の情報を理解し発信できるようになったとしたら、

「あらゆる可能性があるのでは？」

　そんなふうに、想像してしまうのです。
　ポピュラー音楽にたずさわる人にとって、日本語しか使えないのは"非常に制限された状態"ということではないでしょうか？
　今後、ますます加速するグローバル社会において、英語ができるか否かによって、音楽家だけではなく、音楽ビジネスに関係するすべての人が、既存のビジネスモデルにとらわれないビジネスチャンスをつかむことができるのではないでしょうか。

「世界を市場に作品を発表する場があるなら……」
「海外にもっと積極的に発信（宣伝）できるなら……」

　そんなことを考えている人には、必ずチャンスの瞬間が訪れることでしょう。世界がボーダレスとなった今、「世界中に日本人音楽家を発信できる」と、私は確信しています。

　ポピュラー音楽は、多くの人の生活に欠かせないものということはいうまでもありませんが、欧米人とビジネスをしているビジネスマンから、このよ

うな話を聞くことがあります。

「音楽の話っていいね。仕事以外の話ができたからお互い信用できた！」
「たわいないジャズの話で盛り上がってね。ビジネスで使う英語は問題ないし、商談は成立したよ。でももっとジャズについて英語で会話できればよかった……」

　それだけ音楽は、人間関係を円滑にしてくれる、人と人が心を通わせることができるものなのでしょう。みなさんも似たような経験がありますよね。共通の音楽で友だちができたり楽しい時間を共有したりと。

　私がここでお伝えしたいことは、ポピュラー音楽に興味関心のある欧米諸国、アジア諸国、中東、アフリカなどの世界中の音楽関係者とのコミュニケーションは英語だということです。幅広いポピュラー音楽の基盤をもつ国々と音楽活動やビジネスを展開することは、"新たな可能性の拡大を意味する"ということなのです。そのためには、通訳に頼るだけではなく、自ら英語で伝える技術が必要となるのです。ポピュラー音楽を英語で語れるか否かで、その成果に大きく関わるということです。
　日本のグローバル化は例外なくポピュラー音楽界にも課題を求めていますが、その一番大きな課題は英語です。日本人のポピュラー音楽関係者が、最新の音楽（音楽理論、演奏アプローチ、ビジネス情報など）をリアルタイムに直接英語で理解し、音楽表現をもっと豊かに具現化することができるようになれば、日本のポピュラー音楽界の将来がさらに開けることとなるでしょう。

　この本は、ポピュラー音楽に特化した英語表現をたくさん掲載しました。私が学生のときにあったら絶対手にしていた本だと思います。私がアメリカでの生活を終えてから、20年近くが経とうとしていますが、これまでに見たことがない本だと自負しています。ポピュラー音楽が、人生の大きな部分を占める音楽家そして音楽関係者にとって、役立つ本の1冊であると願っています。

参考文献

Jenson, M. (2015). The Rhythmic Adventures of a Groove Keyboardist. *Berklee Today*, 26(3) 26-27. Boston, MA: Berklee College of Music's Office of Institutional Advancement

Small, M. (2015). Echoing Across Broadway. *Berklee Today*, 26 (3) 12-16. Boston, MA: Berklee College of Music's Office of Institutional Advancement.

Olenn, A.R. (2014). More than a feeling. *Berklee Today*, 25 (3) 9. Boston, MA: Berklee College of Music's Office of Institutional Advancement.

Small, M. (2014). Multiphonic Renaissance. *Berklee Today*, 26 (2) 26-30. Boston, MA: Berklee College of Music's Office of Institutional Advancement.

Joyner, D. (2003). *American Popular Music-2nd.ed.* New York,NY: The McGraw-Hill Companies.

Morehead, D.P.at al (1992). *The New International Dictionary of Music.* NY: Penguin Books.

Spears, R.A. (1992). *Common American Phrases.* Lincolnwood. IL: National Textbook Company.

Bower, B. (1989). Rhythms and Improvisation for all instruments. New York NY : Charls Colin.

Gridley, C.M. (1988). *Jazz Styles-history and analysis-3rd.ed.* Englewood Cliffs,NY: Prentice Hall.

Gains. B.K. (1986). *Idiomatic American English.* Tokyo Japan: Kodansha International Ltd.

Galbraith, B. (1986). *Guitar Comping with Bass Lines in Treble Clef.* New Albany, IN: Jamey Aebersold.

Towner, R. (1985). *Improvisation and Performance Techniques for Classical and Acoustic Guitar.* Wayne, NJ: 21th Century Music Productions.

Szymczak, M.T. (1982). *Reading Contemporary Guitar Rhythms.* Boston, MA: Berklee Press Publications.

Hamm, C. (1980). Popular music. In Sadie, Stanley. *The New Grove Dictionary of Music and Musicians,* 15 (pp,108-121). London: Macmillan.

加藤泉 (1994)『イントロ&エンディングの技法』中央アート出版社

上田浩司・堀川真理夫・堀川ジーナ（2007）『使える！ 音楽英会話』ヤマハミュージックメディア

上田浩司（2003）『アメリカの音楽系大学留学ガイド』三修社

北原英司（1991）『アレンジ入門講座——Arranging Project for Today's Music』エーティーエヌ

グッド・タイム・ミュージック（1984）『ロック・ギター・バッキング奏法』ドレミ楽譜出版社

久保田慶一・大類朋美（2014）『英語でステップアップ』スタイルノート

ドレミ楽譜出版社編集部（2001）『標準ロック＆ポップス音楽用語事典』東京：ドレミ楽譜出版社

鶴原勇夫・織田英子（1996）『ポピュラー＆クラシック実用音楽用語辞典』成美堂

Hamm, C.（1980）「ポピュラー・ミュージック」（五十嵐正訳）『ニューグローヴ世界音楽大辞典』講談社

200ジャズ語辞典編纂委員会（1990）『200ジャズ語辞典』立風書房

野口ジュディー・深山晶子（編集）（2000）『ESPの理論と実践——これで日本の英語教育が変わる』三修社

由比邦子（1996）『ポピュラー・リズムのすべて』勁草書房

渡辺貞男（1986）『ジャズ・スタディー』エーティーエヌ

英語のポップス音楽用語・索引

1st and 3rd beats　1拍目と3拍目 ………………………………………………… 135
3rd, 5th　コードの3度、5度の音 ………………………………………………… 122
8th note　8分音符 …………………………………………………………………… 130
16th note feels　16ビート …………………………………………………………… 136

A

accent　アクセントをつけて演奏する ……………………………………………… 135
accented rhythm on the offbeat　オフビートが強調されたリズム …………… 140
all the way through　最初から最後まで ………………………………………… 119
alternate down and upstrokes　ダウンストロークとアップストロークを交互におこなう …………………………………………………………………………………… 94
a piece of cake　簡単、朝飯前 …………………………………………………… 56
arpeggio　コード分解 ……………………………………………………………… 122
arrange　編曲する ………………………………………………………………… 105
arranger　編曲家 …………………………………………………………………… 114
axe　ギター。ギターを表す俗語 ………………………………………………… 102

B

back beat　バックビート …………………………………………………………… 141
backing vocals　バックコーラス …………………………………………………… 85
bar　小節 …………………………………………………………………………… 119
… bar melody　…小節のメロディー ……………………………………………… 89
base one's solo by …　…を使用してアドリブソロをする …………………… 121
bass roll-off　ベースカット機能 …………………………………………………… 149
beat　くたくた、くたびれちゃった ………………………………………………… 36
… beats to a bar　1小節内…拍 ………………………………………………… 133
bebop　ビ・バップ …………………………………………………………………… 143
bend … note　〔ギターで〕チョーキングする …………………………………… 101

boogie　ブギ	141
bored to death　つまらなくて死にそう	10
… bpm.　メトロノーム速度が … の意	132
bridge　サビ	117
broke　文無し、金欠	40
buzz　楽器のビリビリする音	148

C

call it a day　今日はこれで終わりにする	18
change inflection　歌い方の抑揚を変える	90
chest voice　チェストボイス	90
chicken　弱虫、腰抜け、臆病	52
chops　テクニック	118
chord progression　コード進行	121
chord root　コードのルート	106
chord tones　コード構成音	122
chuck　カッティングする	99
clash　複数の音がぶつかった状態、音同士がぶつかり不協和音が発生する	102, 127
classical literature　クラシックの楽曲	120
click track　クリック	114
clutter　音を多く混合する	125
comp　伴奏する	125
compose　作曲する	105
conductor　指揮者	113
connecting notes with a gliss　グリッサンドで音をつなぐ	109
copy　フレーズを聴き取ってまねる	120
counter line　対旋律、オブリガート	144
counterpoint　対位法	93
count-in　カウント・イン	112

D

- diatonic chord progression　ダイアトニック・コード進行 122
- direct sound　ラインからの直音 149
- distorted sound　ディストーション・サウンド 101
- dotted 8th note　付点8分音符 106
- drive ... grooves　…なリズムのうねりを出す 105
- DTM　デスクトップミュージック 146

E

- easier said than done　口で言うほど簡単ではない 28
- easygoing singing style　気だるそうな歌い方 84
- ensemble　合奏、バンドの演奏 119
- every bar　1小節ごとに 121
- every now and then　たまには、ときどき 42
- exercise　エクササイズ 123

F

- falsetto　裏声 86
- fast phrase　速いフレーズ 117
- feedbacks　ハウリング 144
- feel blue　めげる、落ち込む 30
- feel the beat　ビートにのる、ビートを感じる 136
- fingerboard　指板 96, 98
- finger exercise　指練習 105
- fingering　運指 124
- fixed Do　固定ド 88
- flatten　音を半音さげる、フラットする 127
- flourish　装飾 90
- four on the floor　バスドラムが4分音符で刻むリズムパターン 110
- fretboard　指板 98
- fretless bass　フレットレス・ベース 108

funk　ファンク······99

G

get on my nerves　いらいらさせる、神経にさわる······16
get the down beats in line　ダウンビートをしっかりと合わせる······132
get the rhythm right　リズムをしっかり把握する······130
give me a hard time　困らせる······46
go Dutch　割り勘······48
good pitch　安定した音程······87
goose bumps　鳥肌······20
go out of tune　音程がはずれる······108
groove　リズムの"ノリ"······133
guitar tech　ギター職人、guitar technician の略······102

H

hang in there　がんばって、持ちこたえる······68
hard tone　固い音······95
have a relaxed feel　演奏にリラックス感が出る······138
have the guts　根性がある、勇気がある······24
heavy sound　重い音······111
hissing sounds　シビランス＝ sibilance······150
hook　サビ······117
horn　ホーン······140
husky voice　ハスキーな声質······84

I

I can't thank you enough.　感謝してもしきれない······66
if you insist　どうしてもと言うなら、お言葉に甘えて······74
improvise　アドリブをする······121
interface　インターフェース······146
interlocking parts　リズムなどの絡み部分······140

interlude 間奏	119
interpretation 演奏の表現	91
It's about time やっと、ようやく	34
It's a long story 話せば長い	78

J

jam ジャムセッションをする	142
jam session セッション	124
jump to conclusions 勘違い、早とちり	38

K

keep one's fingers crossed 幸運（成功）を祈る（願う）	60
key 調性	125
kick キメ	118
kick drum rhythm キックドラムのリズム	111

L

lighten up 元気だして	76
- like 〜風の	140
linear approach リニア・アプローチ	97
loosen リズムを緩める	138
low end sound 低音	149

M

maintain the same volume 音量を一定に保つ	94
make up my mind 決心する	44
mess up しくじる、間違う	70
modulate 転調する	121
movable Do 移動ド	88
music 楽譜	123
muted sound ブラッシング音	100

N

natural tension　ナチュラルテンション ……………………………………………… 127
no strings attached　無条件で ……………………………………………………… 58
notes of the chord structure　コードの構成音 …………………………………… 127
nylon-strings guitar　ガットギター、クラシックギター ………………………… 101

O

on the ... chorus　〔歌などの〕…番目の繰り返しで ……………………………… 84
on the dot　きっかりに、時間通りに、ぴったりに ……………………………… 26
open string　開放弦 ………………………………………………………………… 98
outboard gears　エフェクター …………………………………………………… 149
overdub　オーバーダブする ……………………………………………………… 146

P

pad　ドラム練習用の消音パッド ………………………………………………… 116
pandeiro　パンデーロ …………………………………………………………… 139
paradiddle　パラディドル ………………………………………………………… 115
passage　音の流れ ………………………………………………………………… 117
pentatonic scale　ペンタトニックスケール …………………………………… 121
pick downwards　ダウンピッキングをする …………………………………… 93
pick upwards　アップピッキングをする ……………………………………… 93
play along with ...　…といっしょに演奏する ………………………………… 131
play an octave up　1オクターブ高い音域で演奏する ………………………… 99
play a strict ...　きっちりと～を演奏する ……………………………………… 138
playing to a click track　クリック音に合わせて演奏する …………………… 131
play ... in the same speed as ...　…と同じ速さで…を演奏する ……………… 120
play ... notes evenly　音符を均等に弾く ……………………………………… 94
play with a ... groove　…なグルーブを出す、…なグルーブで演奏する …… 134
play ... with a pick　…をピックで弾く ………………………………………… 94
polyrhythm　ポリリズム ………………………………………………………… 133
popping sound　ポップノイズ …………………………………………………… 151

practice scales 音階練習をする	120
practice with a metronome メトロノームに合わせて練習する	118
preceding bar 前の小節	119
project well 〔声質が〕よく通る	85
push the beat リズムが前ノリのビートで演奏する	110
putting in fills フィルインを入れる	114

Q

quarter note 4分音符	132

R

rain or shine 何があっても、雨天決行	32
range 音域	103
record 録音する	130
reflection 音の反響	151
register 音域	89
rhythm training リズム練習	131
riff リフ	140
right-handed 右利き	115
root ルート	122
rush テンポが走る	113

S

scratch スクラッチ	147
seamless transition 演奏フレーズなどのつなぎ目のない移動	119
second and fourth beats 2拍目と4拍目	135
second ending 2番カッコ	117
second time around リピートして戻った2回目の繰り返し	144
sense of rhythm リズム感	133
sharpen 音を半音上げる、シャープする	127
shuffle funk feel シャッフル・ファンク風	137

sibilance シビランス	150
sick and tired うんざり	14
sight-read 初見演奏をする	123
sight-sing 初見で歌う	89
sing a ... up ...度上で歌う	88
sing from one's diaphragm 腹式呼吸で歌う	89
sing in ... ...のキーで歌う	85
sixteenth note phrase 16分音符のフレーズ	117
snare and hi-hat combination スネアとハイハットのコンビネーション	110
soft tone 柔らかい音、小さな音	95
solfege ソルフェージュ	87
solo アドリブをする	121
soloist ソロイスト	126
song 曲	125
sooner or later 遅かれ早かれ、いつかは	62
sound stiff リズムが固い、音が硬い感じ	136, 138
sound warm 甘い響きがする	101
Speak of the devil. 噂をすれば影	64
speed up the tempo テンポを上げる	113
staying in sync with ... ...に合わせて保つ	115
stay in pitch 音程を保つ	87
stay in time リズムを保つ	92
stay in touch ずっと連絡を取り合う	22
stay in tune 音程を保つ	92
straight 8ths 8ビート	135
stressed upbeat 拍の裏にアクセントがあるリズム	140
string change ストリングチェンジ	97
... style bass lines ...風のベースライン	107
surdo スルド	106
swing スウィングリズム	135
sync in with ... 演奏を〜にきっちりと合わせる	139

sync to ...　…にぴったり合わせる……114

T

take it slowly　ゆっくりと演奏してみる……132
technique　演奏技術……120
tension　テンション……126
tension chord　テンションコード……126
throw in the towel　負けを認める、降参する……50
thumping sound　ガンガンくるサウンド……105
time keeping　リズムキープ……130
timing　リズム感……136
timing of the placements of ...　コード、フレーズなど…を入れるタイミング……128
tips　コツ……128
trade fours　フォーバースをする……143
triad　トライアド、三和音……126
triplet　3音符……137

U

unison　ユニゾン……86
unmuted sound　ブラッシングしない音、実音……100
upper structures of the chord　コード構成音の上部分……104

V

velocity　キーボード系楽器における音量……104
vibrato　ヴィブラート……91
vocal cords　声帯……89
vocal lines　ボーカルの合間……147
voice leading　ヴォイスリーディング……129
voicing　ヴォイシング……128
volume pedal　ボリュームペダル……104

W

warm up　ウォーミングアップ ……87, 123
well-harmonized　〔コーラスなどが〕しっかりとハモった……86
with a ... feel　… 風に……135
with a hard compression　強めのコンプレッサーで……150
with bounce　"跳ね"のリズム感覚で……137
words　歌詞……90

Y

you never know　ひょっとしたらそうかも、もしかしたらそうなるかもよ……72
You read my mind.　どうしてわかったの？、同じことを考えてたね……54
You've got to be kidding.　ウソでしょう？……12

● 著者紹介

上田浩司（かんだ・ひろし）

バークリー音楽大学卒業後、ノーステキサス大学大学院修士課程およびアメリカン音楽大学大学院博士課程にてジャズ・クラシックの演奏研究をおこなう。音楽芸術博士号（Doctor of Musical Arts）取得。帰国後、名古屋学院大学通信制大学院にて英語教育を中心に学び、修士（英語学）取得。

ジャズ・クラシック系ギタリストとしての活動の他、留学英語指導、留学相談をおこなってきた。音楽英語と音楽留学に関する著書をヤマハミュージックメディアおよび三修社より出版。

これまでに、ノーステキサス大学 音楽学部 講師（1994-1996）、玉川大学 芸術学部 講師(1998-現在)を務め、ギター実技からポピュラー論・音楽芸術論まで幅広く担当する。

グローバル英語専門塾、カリキュラム・アドバイザー。

堀川真理夫（ほりかわ・まりお）

フィリピン人の父親と日本人の母親との間に沖縄で生まれる。ベニー・グッドマンやジーン・クルーパーとの演奏経験があるジャズギタリストの父親に音楽を学び、3歳のときにドラムを始める。14歳のときに1年間ロックバンド「紫」にドラマーとして参加。以降、ギター、ベース、キーボード、他いろいろな楽器を習い始める。

沖縄のアメリカンスクールを卒業後、米国ボストンにある バークリー音楽大学へ入学。作曲・編曲を学ぶ。その後、ニューヨークへ移り、シクレラ・スタジオのアシスタント・エンジニアとして活動を始める。アル・ジャロウ、パティ・スミス、ウイル・リー、フィリップ・セイス、バディ・ウイリアムスなどのレコーディングにアシスタント・エンジニアとして参加する。現在はサポートやスタジオミュージシャンとして活動中。

今までの主な参加アーティスト：
EXILE TRIBE（EXILE、二代目JSB、三代目JSB、Generations、Rampage）
DEEP、SMAP、V6、石井竜也、向谷実、安室奈美恵、BOA、BENI など

堀川ジーナ（ほりかわ・じーな）

沖縄に生まれる。父親が外国人だったため、家庭では英語と日本語を使って育つ。
インターナショナルスクールに通いながら通訳のアルバイトを経験する。卒業後渡米し、アリゾナ大学で学ぶ。大学卒業後スイスに渡る。

帰国後、モデルエージェンシーで外国人モデルのブッキング業務や海外エージェンシーとの交渉業務を務める。同時にテレビコマーシャル、ラジオコマーシャル、英語教材などのナレーターや撮影現場通訳としても活動する。

Dream TheaterのJohn MyungやMr. BigのBilly Sheehanのベースクリニックでも通訳として参加。現在は現場通訳の他、中学高等学校で非常勤英語講師として勤務している。

すぐに役立つポップス英会話
――業界用語もわかる！ポピュラー、ジャズ音楽のフレーズブック

発行日　2016年4月5日　第1刷発行

著　者　上田浩司
　　　　堀川真理夫
　　　　堀川ジーナ

発行人　池田茂樹

発行所　株式会社スタイルノート

　　　　〒185-0021
　　　　東京都国分寺市南町2-17-9 ARTビル5F
　　　　電話 042-329-9288
　　　　E-Mail books@stylenote.co.jp
　　　　URL http://www.stylenote.co.jp/

装　幀　Malpu Design（渡邊雄哉）
印　刷　シナノ印刷株式会社
製　本　シナノ印刷株式会社

© 2016 Hiroshi Kanda, Mario Horikawa, Jina Horikawa　Printed in Japan
ISBN978-4-7998-0149-9　C1082

定価はカバーに記載しています。
乱丁・落丁の場合はお取り替えいたします。当社までご連絡ください。
本書の内容に関する電話でのお問い合わせには一切お答えできません。メールあるいは郵便でお問い合わせください。なお、返信等を致しかねる場合もありますのであらかじめご承知置きください。
本書は著作権上の保護を受けており、本書の全部または一部のコピー、スキャン、デジタル化等の無断複製や二次使用は著作権法上での例外を除き禁じられています。また、購入者以外の代行業者等、第三者による本書のスキャンやデジタル化は、たとえ個人や家庭内での利用であっても著作権法上認められておりません。